U0596772

故乡是带刺的花

许石林 著

海天出版社
·深圳·

图书在版编目（CIP）数据

故乡是带刺的花 / 许石林著 . — 深圳 ：海天出版
社 ，2018.1（2019.7 重印）
ISBN 978-7-5507-2192-0

Ⅰ．①故… Ⅱ．①许… Ⅲ．①中华文化－文集 Ⅳ．
① K203-53

中国版本图书馆 CIP 数据核字（2017）第 275140 号

故乡是带刺的花
GUXIANG SHI DAICI DE HUA

深圳出版发行集团
海天出版社

出 品 人：聂雄前
责任编辑：刘 婷 许全军
责任校对：万妮霞
责任技编：梁立新
封面设计：马少芬

出版发行：海天出版社
地 址：深圳市彩田南路海天综合大厦（518033）
网 址：www.htph.com.cn
订购电话：0755-83460293（批发） 83460397（邮购）
设计制作：深圳市书都出版有限公司
印 刷：深圳市华信图文印务有限公司
开 本：889mm×1194mm 1/32
印 张：7.5
字 数：135 千
版 次：2018 年 1 月第 1 版
印 次：2019 年 7 月第 2 次
定 价：39.80 元

版权所有，侵权必究。
凡有印装质量问题，请随时同承印厂联系调换。

序

回首故乡，心中总有潜在的忧郁、不安与期待

> 积聚如山的人头走向远方。
>
> 我在那里变小，他们再也不会注意我了；
>
> 但在被深爱的书籍和儿童游戏里，
>
> 我将升起来说太阳在照耀。
>
> ——曼德尔施塔姆《人头》（黄灿然 译）

20年前，我和许石林一样，青春年少，一见如故。价值观的趋同让我们俩都发誓要读点好书，写点好文章。但我跟随"积聚如山的人头走向远方。我在那里变小，他们再也不会注意我了"。而石林，在"被深爱的书籍和儿童游戏里"，"将升起来说太阳在照耀"。

我深爱的诗人曼德尔施塔姆，写的是他一个人的心路历程和人生预言，被我唐突地裁成两段，但我并不后悔。因为，我读着石林这部书稿，就想起这首诗。

在我看来，许石林近十年来的写作都在提一个同样

的问题——当我们都不太相信自己的文明的时候，我们如何培养文明的人？《损品新三国》是对新版95集电视连续剧《三国》胡改编、胡穿戴、胡打杀、胡咧咧的愤怒鞭挞。《三国》只是当代人侮慢、藐视传统文明的一个标本，而石林的《损品新三国》是对这一侮慢与藐视的呵斥与嘲讽，通过这种呵斥与嘲讽，呼唤一种"本该万世不易的价值"；《尚食志》《饮食的隐情》以食为药引，讲由衣食住行所构筑的中华传统文明星空的暗淡；《桃花扇底看前朝》和这部《故乡是带刺的花》，大抵都是用前朝旧事和当代日常文化生活现象相互比对参照，让我们更多地了解中国传统文化之美、礼仪之美。

石林的写作无疑有巨大的风险——在网上，讲他封建的有之，讲他迂腐不堪的有之，甚至讲他是流氓的有之，讲他拿起筷子吃肉放下筷子骂娘的亦有之。我还听说被他批评过的什么项目，威胁用黑社会手段来深圳"废他"。我只想说，石林代表的是中国传统知识分子的一种根本精神，这种精神体现在孔子身上是"郁郁乎文哉！吾从周"。体现在老子身上是"执古之道，以御今之有。能知古始，是谓道纪"。儒道互补、殊途同归的中国文化所塑造的传统知识分子，从来面对的都是一个礼崩乐坏的世界，人心不古，世风日下，缅怀圣王，渴望美政。从此种忧患意识开始，屈原"既莫足与为美政兮，吾将从彭咸之所居"；陶潜不为五斗米折腰而构筑小国寡民的"桃花源"；贫病交加的杜甫"此身饮罢无归处，独立苍茫自咏诗"……真正的中国传统知识分子即使躬逢盛世、身居高位，心中也总有潜在的忧郁、不安与期待。他们总是在圆满中感到不圆满，力图突破这圆满而追求更高的价值。"金樽清酒斗十千，玉盘珍羞直万钱。停杯投箸不能食，拔剑四顾心茫然。"李白这个形象，从一个侧面反映了中国传统知识分子的群体心理。

这个时代，用无数人引用过的狄更斯的名言来表达：这是一个最好的年代，也是一个最坏的年代。最好的东西，我们都在享用；最坏的东西，只有如许石林为代表的极少数知识分子在体味和咀嚼。石林自述："我对家乡的认识，除了所经历的事情外，几乎全部是大学毕业以后，见识了一些所谓外面精彩的世界，越见识却越感到文化先天缺失的窘迫，内心遂有了一种对家乡重新认识与亲近的渴求，这才慢慢地回头，小心翼翼地捡拾……"他从衣食住行等日常文化生活现象所发现的种种恶言劣行，都使他的写作指向一个绝大的命题——"当我们都不太相信自己的文明的时候，我们如何培养文明的人"。石林笔下的所谓家乡，其实不仅仅是指他自己实体的家乡，更是文化的故乡、心灵的故乡、精神的故乡，他痛心地讲出一个事实："大约近百年来，我们的教育，由于对传统文化的信仰动摇与怀疑，因而放松和放弃了对本土历史的教育与承传，教育变成了一个不教本土历史、不亲近本土风俗，专注于眼光向外的事，仿佛所有的努力都是为了让每个人逃离各自的家乡。"中国是乡土的，正如费孝通先生所言，中国这一五千年与泥土打交道的民族，因泥土而辉煌，亦因泥土而没落。对于中国这个拥有丰富农耕文化的民族来讲，泥土是国人的生命，中国人在泥土中形成了许许多多的优秀品质，中华文明也具备了许许多多为别的文明所难以企及的礼仪治理制度和良风美俗。

因为外族的侵入，我们倒掉脏水的同时也倒掉了孩子。殊不知，战胜外侮的法宝还是"寓兵于农"，依靠的还是乡土的纵深。我的故乡湘乡和石林的故乡蒲城一样，都是文脉悠久、底蕴深厚的模范乡村。吾乡先贤曾文正公举着维护封建礼教的纯粹性的大旗，事实上已经意识到非科学主义思想对社会进步的制约，因而他成为洋务运动的第一人。他是如此注重子孙后代的礼教，如此重视良风美俗的养成。但嗣后"落后就要挨打""救亡重于启蒙"的民族心理倾斜，形成了秦砖汉瓦与欧风美雨激烈碰撞的乱局。我想说，存在是有原因的。但面对当代乡村的老龄化和空心化，面对乡土基层政权的崩坍，面对乡村学校和医院的大规模减少，面对黄赌毒在乡村的盛行和土地的污染荒芜……我更肯定，存在的是一定会消亡的！乡土是草，城市是树。离离原上草，野火烧不尽；而树呢，我家的楼下上个月就被台风吹倒了好几棵！

我深知，石林既有对传统文明的温情脉脉，也有开放的文化共享情怀。但我和他都坚定地认为，这个世界的发展永远需要方向，而中国的方向永远不能轻视乡土，永远不能放弃传统文明。在这个时代，简单笼统地言说价值变得格外困难，即使像石林以故事来讲述，以史实来佐证，充满怀疑精神的"现代人"已习惯了对任何既定规则的挑战，并随时准备着"反洗脑"的机智，他们总有歪理。你熬吧！相信我，在"深爱的书籍"和"儿童游戏"里，你会"升起来说太阳在照耀"。

聂雄前

2016 年 10 月 7 日

目录

壹

贰

叁

壹

"吃破户儿"

　　"吃破户儿"，是陕西关中的旧风俗。似乎全国各地都有此俗——一个人有了好事儿，尤其是骤然有了什么好事儿，要请客，重则大吃一餐，轻则买一把糖、一包烟，与周围人分享，求一个皆大欢喜，让别人也沾沾福气。

　　若事情到此为止，则可以说是良风美俗，甚至可以说有点"衣锦尚䌹"的意思——您看古代宫廷戏，帝后于盛大典礼，身着华丽的礼服，但是，光华灿烂的衣服外面，要罩一层薄薄的、透明类似纱一样的宽松外衣，以遮挡礼服夺目的光华。奇妙的是，这样一遮挡，反而使得华美的衣服更加有了含蓄无尽的内在深厚之美。因此，古人说："《诗》曰：'衣锦尚䌹'，恶其文之著也。"（《礼记·中庸》）将这个意思引申一下，就是一个人得了好事儿，要懂得自抑谦让，要照顾其他人的感受，要让大家适当地分享一下，一能平衡众人之心，二能使自己获得兼爱、仁义的美好感受。

汉代经学家郑康成对"衣锦尚绚"的注解是："禅为绚，锦衣之美，而君子以绚表之，为其文章露见似小人也。"意思是说，有德行的人，穿华美的服饰要有意遮挡一下，表示谦逊、不敢当。而不像无德的小人那样，故意以奢华的服装炫示于人那么浅薄。

但是现在，我在关中老家的弟弟对我说：某某村，现在风气坏得很，吃破户儿，以咱们这儿的物价，一个普通家庭，一个月有的被吃掉三四万元！可憎得很！遇到丧事，原本义务帮忙的相奉①们，现在也以要钱为主，比如出嫁的女儿哭哭啼啼地抬着一桌饭来，相奉在村口挡着，不给钱不让往家里抬；灵前祭奠，亲戚行礼前，相奉也挡住要钱，给了钱才能哭奠，难看得很！好像绑架了事主一样，事主忍气吞声，任由宰割。到了别家过事，轮到事主当相奉，再报复。

有老家同学任兄来深，言及所亲历者，痛心疾首，深感风俗大坏，又难以拯救的焦虑。任兄可印证舍弟所说，当不虚也。

风气之坏，皆表现为坏礼而滥俗——以"吃破户儿"为例，从前是主人在其他人的起哄娱乐气氛中，稍微表现一下，所谓请客，娱乐大于消费，现在完全反过来了：一个人家，如决定给孩子娶亲，日子定下来，传出去，

①相奉：又名相夫。不要报酬，互相帮忙的本村人。

本村、邻村与这家人关系好的，或自认为与其关系好的，就开始在镇上任何一家酒楼饭馆吃饭消费，而账都记给有喜事的人家。被记账的人家不敢发声，心里再不愿意嘴上也不敢说，否则人家立刻不吃了，还不理你了。就是说，吃你，是看得起你。据说有的更可恶，将自己理发的账都给人记下了。等到真正办喜事那天，这些一段时间来"吃破户儿"的吃主们，都以事主家朋友的身份到门贺喜，给一个红包，十块至百元不等，再大吃一顿，算是这一个"吃破户儿"的活动结束了。

遇到有人家生了孩子，"吃破户儿"会一直从孩子出生吃到满月！而主人则在这一天，要到镇上的酒楼饭馆，挨家去结账。心里再难受，脸上还得装得很高兴，否则传出去，你被人吃了，反没落下人情。

我问："谁把风气搞成这样？"弟弟说："叫我看，村里有本事的人，读书到外地去了，就留下这些二杆子，不懂王化（规矩），比如说一个二杆子在一个事上挑头胡来，没人阻止、纠正，这些人尝到甜头，就到另外一家的事上继续胡来，又没人拦挡，就这样，很快就把风气弄得越来越坏。"

陕西关中，所谓自古土厚俗良之地，旧时代所遗留下来的士绅固然与全国别处的士绅一起同步消失了，但士绅的气息仍然长时间存留于此，以士绅的价值观，化育一方民众。但随着时间的推移，这块自古"崇实学、耻奔竞"的地区，数十年来，力求发展经济，因而不遗余力地轻贱、厌弃自己原有的价值观，而拼命鼓动人的逐利之心。就我所见所闻，我们陕西人近三十年，都处在自卑的集体心理中。自卑什么？自卑不如别处人能挣钱、会逐利，恨自己性格保守、不会来事儿、太要脸面。所以，那种在乡间原本强劲地存在着的古老价值观，逐步消散殆尽。人开始不要脸了，并且惊喜地发现，自己不要脸起来，比别处的人更不要脸。

风俗从来有纯良者，也有丑陋者。原本，再良好淳美的风俗也有久则生弊的问题，或因厌繁密而就简易，或因贫陋而荒废礼仪，习惯成自然、约定俗成，像智能手机用久了积累的垃圾一样，干扰正常使用，偏离礼仪的旨意，需要不断地矫正、升级、清理垃圾，使其废恶丑而归于纯良。礼俗是对人的约束，犹如裤腰带一样，松弛懈怠是避免不了的，因此，需要时不时紧一紧，不让人看上去很难看。

所谓移风易俗，自古以来，一有赖于为政者以律令规导、劝勉之；二有赖于有声望的士绅君子以身作则，引导、损益之。此所谓国之所倚重者，人才与风俗也。

这个时代谁是人才？谁说话能合圣贤之理而动乡人之心？所谓德高望重者，在当下，无非是所谓成功者；而现在的成功者们，还没到对一方风气做榜样、起带头作用的程度，他们也不看重周围人如何看待自己。所谓成功者，就是在别处买房，不再回到原郡。

偶尔回来炫耀一下自己的成功，将亲邻刺激伤害一下而已。不带坏头、做坏榜样就已经是功德无量了，就算是"独善其身"了，至于"兼济"，则非常奢侈无望。因此，出现败坏风俗的现象，没人愿意站出来以正当的礼俗规劝、训导之，也越来越没有人有威望承担这个角色。就像老人摔倒了没人敢扶一样，风气被败坏了，也没人敢匡正，没人愿意匡正，没人有能力匡正。

"治隆于上，俗美于下"（朱熹《四书章句集注》），是古代读书人的美好治世理想，因为历史经验反复证明，从来都是"美法不如美俗"。今天的人奢言建制，又所谓"顶层设计"，其实是舍本逐末，不若入乡问俗、移风易俗。

2014 年 4 月 14 日

吃相

　　我看电影《白鹿原》，尤其反感影片中的麦客割麦像驴群一样在地里糟蹋麦子，真正的关中农民割麦，割得整齐漂亮，放得很讲究，不散乱，麦茬尽量留得很低，一是可以收获更多麦秆，二是方便耕种秋庄稼。其中原因，就是人对土地、对粮食有感情。也不要以为打铁的就得一身脏黑才像，麦客就得是傻乎乎的一身邋遢，其实真正的好把式，仍然是一身洗得白净的裤褂。虽为辛苦劳作者，但身上有那种劳作者的动人气质，田小娥看上黑娃就应该是看上这个才对。影片中黑娃因为几个麦客在背后轻薄地说田小娥，扔下面碗就把一个麦客推倒扭打，这就把田小娥感动了。这是很虚假的，非常浅薄无力。

　　说这个，貌似跟吃相无关，但是，它跟情理有关，跟情理有关就跟吃相有关。

　　电影《白鹿原》至少还有两处可挑剔：一是喝酒；

二是吃面。喝酒一人一个杯子，还举起相互碰杯，这不像是乡下人喝酒，更不像老式的关中乡下人喝酒，一人一杯不符合我们关中旧式酒席上的饮酒礼仪。那时关中的乡下，用的是轮杯礼仪，即一席一杯依次轮流喝，有古人"共饭不泽手"之仪，席间气氛端庄而文雅。影片中人物喝酒，神情呆木而散漫，对酒这种粮食的精华没有表现出应有的敬重和珍惜之意。吃面更不像我们关中人吃面，夸张的长筷子、大碗、宽面，但吃面的人端碗的动作，看着一碗面的神气、眼光，都不像是对粮食有着由衷的、说不出的喜爱的老式关中人。演员夸张地表演吃面，但看上去不香，不感染人，不让人有喉头忍不住蠕动的馋。黑娃这个穷小伙，一筷子面在嘴里，边嚼边说话，嚼断的面条掉到碗里是最不真实的，一看就是演员在吃面，很为难地吃面，并不是剧中的黑娃应该有的吃相。你端起一碗面，单就那个动作，就能看得出你是不是关中人、你对面的感情、你是不是吃面长大的。

从前我没意识到，其实我吃面基本上是不嚼的——那天有人说他发现作家杨争光吃面不嚼，我马上试了一下，发现自己也不嚼。几年前请王子武先生去一家新开的面馆吃面，面馆开在深圳，学了南方人的做法，一碗面捞起，上面放两根焯熟的青菜。王先生和我一样，先把青菜挑起放到一边，然后加香醋、辣子等调料，吃完，先生一抹嘴说："好！实在是好！"我说："您也不吃面里的青菜。"王先生像说一件很大的事儿一样庄重地说："吃面就是吃面吗,可弄两根青菜干啥?绊绊瘩瘩的!"王先生这样说,可以判断,他吃面基本上也不嚼。

吃面,嚼不嚼,不一样。吃相不一样,吃相背后的习惯和情感也不一样,吃相反映出的信息各有不同。樊哙在鸿门宴上喀喀喀地将一块生猪肘子剁巴剁巴狂嚼大咽下去,那吃相能挡百万雄兵,反映了刘邦集团的力量和气概。所以说,吃相比吃什么还重要。曾国藩领湘军,其老家有个后生亲戚慕名投军,曾与之共饭,观其吃相,即看出此人胸襟狭小、无大志,遂客气迂回地安顿打发了事。

吃相泄露人的性情。关中农村人娶媳妇,婚礼当天,新媳妇和娘家送亲的人共席,一起吃最后一顿饭,以后这些人来,可就是亲戚了。媳妇作为主妇,要张罗招待客人,一般不上席吃饭。新媳妇就是再饿,婚礼这天坐席,别人吃得很开心,但新媳妇也几乎不吃。为什么?因为再好看的吃相都不如不吃更好看。所以,新媳妇两边的陪同,即关中人说的"扶女的"——从前女子小脚,又顶着盖头,两边要两个已婚妇女搀扶着,帮助新娘走路,又可以在耳边悄声提醒礼仪细节,同时照顾其当天的饮食诸事。新娘那天几乎不说话,与人交流,只低声告诉这两个扶女的嫂子,由她们与人沟通交涉。两个扶女的嫂子,会在新娘稍微有空坐在房中休息的时候，与婆家人沟通，赶紧给新娘弄点吃的送到新房中来，婆家也是懂的，早早就准备好了，饭菜端到房中，扶女的将看热闹的请出房，将门掩上，给新娘一个背着人、不让人看见吃相的吃饭机会。一切的掩饰、遮挡、回避、隐藏，无非是主动地自我约束，以更美好的形象，完成文化规范中的礼仪。如果哪家的新媳妇当众吃饭，嘴张得大了，或者结婚那天吃得多，会被人添油加醋笑话几十年，经常拿出来当作笑料，消遣之余，警诫教化待嫁的女子。

丧事更要注意吃相，在丧家吃饭，要貌端色恭。孝子如果放开来吃饭、喝酒，会留下笑柄的。古人警诫，孝子有丧亲之痛，礼当枕块，几乎废食断饮，不能"放饭流歠"（《孟子·尽心上》），即大口吃饭、大口喝汤，吸溜吸溜的，吃相贪婪放肆，没心没肺，不敬不孝。

现在影视剧表现农村题材，吃饭的多数不尊重粮食，更没有礼仪。这是对农村最严重的误解。我至今记忆中最文雅的吃饭，仍然是关中乡下，哪怕是物质贫乏的过去，饭桌上的礼数仍然是现在的人比不了的，尤其是那种老少几代人一起吃饭的人家。

当代豪华酒宴，多数虽杯盘罗列，珍馐满席，却因为其庸俗无稽的所谓宴会上的规则和潜规则，无非势利逢迎之术。交际无规则，往往还无礼仪，与文化无关，再奢华堂皇也难掩盖其本质的粗俗鄙陋。现在那些培训宴会礼仪的，多数白费劲。吃相就跟年轻人

脸上的粉刺一样，不从身体内部调理，它会很自然地
冒出来。吃相是很难装出来的，它是身世、习惯、性情、
文化等的自然流露。王安忆曾写过一篇文章，说电影
《半生缘》中黎明扮演的出身富家的公子世钧，在外
面随和，回到自己的家里，吃饭无意中流露出了那种
出身的派头。

讲究吃，人人都会；讲究吃相，今人则罕能意会。
想起孔子说的，如果孝，就是能养，即给饭吃，则犬马
亦曰能养。人之所以是文化了的人，就在于注意吃相。

从麦子说起

关中各县，皆有可夸耀的以麦面做的小吃，各有特色，异彩纷呈，不可替代。蒲城的名小吃，首推蒸馍，就是馒头。西府如乾县、宝鸡一带，新媳妇过门，要给族人擀面条，显示她的娘家女红教养：擀面的动作，擀成面的厚薄，切得细不细、均匀不均匀，调汤调得味道合适不合适等等。蒲城人考新媳妇，看她蒸馍的手艺。

蒲城人到外地吃馒头，觉得这里的不能吃、那里的不能尝，显得非常难伺候。一般人知道蒲城馒头好的，招待蒲城人吃饭，主食上馒头，会特别谦虚地叮咛一句：咱这儿的馍没你们蒲城的蒸馍好！

蒲城所产的麦子质量好，做法又讲究功夫。近些年，蒲城又恢复了半个多世纪以前的老传统，到外地看亲友，送蒸馍当点心。我从老家蒲城回深圳，带两箱蒸馍，分赠给同事。

麦子在中国种植的历史非常悠久，《诗经》可为之证，如："我行其野，芃芃其麦。"（《鄘风·载驰》）再如："爰采麦矣？沬之北矣。"（《鄘风·桑中》）可见中原地区早就有麦子种植。

孔子的学生宓不齐(字子贱)，在鲁国的城邑单父（今山东菏泽单县）当单父宰，主持单父的工作。齐国攻打鲁国，单父将成为战场。当时正值麦子黄熟，可是，政府下令关闭城门，任何人不得外出，以免齐兵乘势攻入城中。经常遭受战争侵扰的人慢慢地就疲了，警惕性放松了，眼看城外的麦子将熟，老百姓就推举那些年长辈分高的人为代表去沟通，代表们见了宓子，说：麦子熟了，敌军还远着呢，让老百姓出城收割，能抢回多少是多少。一来老百姓得到好处，二来这些粮食就不会落入敌人的手中了（"且不资寇"）。话说得非常中肯，听上去有道理。但是，几次来沟通，宓子都没有答应。后来，齐国的军队打过来，到了单父扎营，准备打仗。老百姓这时候被武装起来打仗了，再也不能出外收麦了。

当时鲁国主政上卿季孙氏非常生气，派人拿着红头文件专程去通报批评宓子。宓子听完了上级的申斥批评，皱着眉头说：今年因为战争，没有收到麦，明年可以再种嘛。现在战争时期，时局这么乱，老百姓出城乱收麦子，必然胡乱抢收，闹出许多是非诉讼不说，许多平常不劳动的人也会趁机外出收麦，这样一来，那些不劳而获的人就很喜欢经常有战争、闹乱子，这样他们可以趁乱胡来。现在单父一年损失了收成，对整个鲁国来说，影响不大。但是，如果放任民众趁乱胡来、浑水摸鱼，养成这种侥幸心理，成为不劳而获的"幸民①"，那对国家的伤害必然很大，人心思幸，放弃法度规则，没有是非善恶，不是一年、两年就能修复的。季孙氏听了这话，非常震撼，他羞愧地说：哪儿有个地缝哟，让老夫赶紧钻进去。

后世有人评价宓子的做法和解释，说他显得很迂阔，也有人说其胸怀和眼光持世甚远。我选择后者。其实，当此危难之时，宓子那种镇定的人是罕见的。大概宓子认为战争的胜负都不重要，人心不乱才是重要的；战败亡国可能都不重要，亡天下，即人心里没有是非，才是真正的亡了。

自古有本富末富之分，而幸民以侥幸奸诈致富，称奸富，最下等。宋朝苏辙也说过，侥幸得财，非民之福。故从前各朝代，士大夫进谏匡正世风、重整法纪者，无不建言杜绝幸门。

自古以来，幸民恰与幸福无关。

2013 年 5 月 2 日

---

①幸民：心存侥幸之民。亦指不务本业、心有非分之念，得过且过之民。

爱素食，不爱素食秀

回到老家乡下，味蕾、肠胃等仿佛调至食素模式，见肉食反而没有太大的食欲了。甚至，一个月不吃肉，也不想。返回城市，则这种感觉随即消失。偶尔吃素，感觉菜也不对，油也不对。当然，偶尔在某个餐厅吃个像乡下素菜的菜，会夸张地认为它就是自己稀罕之极的东西，陕西话说：罕想得很。

这是很奇怪的。

有机会去吃素食和素食宴，席间即便有松茸、竹荪等据说是很名贵的食材，其烹调方式也耗材费时，器皿也讲究，说道儿更多，但从未认为哪个菜好吃，反正也不太难吃。但让人吃完下回还惦记的素食，一样也没有。

小时候缺肉吃，喜欢到亲戚家去，多半因为亲戚家"过事儿"，红白喜事，多少都有肉吃。看评剧《杨三姐告状》中的一个情节：杨二姐被高家害死，高家为掩盖真相，还大操大办丧礼，亲友纷纷前来吊丧，一妇女进门就张嘴号啕：我的……她刚一张嘴，被支丧的礼节性一劝，便即刻止住声，连那句拖腔的后半截都舍不得放出来，直接接话茬儿：哪儿吃去？想必中国北方农村，从前都差不多。陕西人吃饭，有了油泼辣子，就等于有了菜。对有的人来说，这个比肉还好吃。我们邻村有个农民，有一年油菜丰收，多分了几斤菜油，一天双手拿着夹了油泼辣子的白馍，边吃边感叹："你说咱毛主席是不是成天都吃油泼辣子哩？哎呀，我想恐怕毛主席家里的油泼辣子用老瓮盛哩……"老瓮，就是那种能装十担水的大缸。

中国历史上是以素食为主的。治家严谨的士大夫必令家中饮食菜不兼味，即没有那么多菜。最爱吃、享有千古美食家盛名的苏东坡，在黄州时，一餐饭就一个菜。明朝进士张继孟，年过五十即致仕，在老家灌园种菜，许多人仰慕他，前去拜访，他也只是用园子里的两样素菜招待，哪怕是朝中的显赫高官也一样，却人人都因为能吃上张继孟的一餐素食而自豪。

我喜欢吃肉，但对素食一点都不反感，更不怕没肉吃。只要是乡下那种做法，可能半年一年不吃肉，我也没问题。乡下的做法，其实是很朴素的做法，就是把素菜当素菜做。城市里的素食餐馆，非要把素食当肉食做，那种模仿肉的做法、一定要追求肉的味道口感的做法，我不喜欢。乡下的做法，是守本分的做法，其意念行为也是朴素的；而城市里素食餐馆的做法，是非分的、不朴素的做法，是奢靡的、僭越的做法。所以，我不承认他们是素食馆。

见不少名人玩全素婚宴、放生秀什么的，豪言壮语说什么传播环保理念云云，媒体大肆报道起哄，民众翘首观瞻，令人恶心——观其婚礼前后的各种炒作，各种炫耀，非要把婚礼设在三亚等海滨度假酒店，直升机、游艇、豪车，貌似纸包纸裹地秘不示人，又时时刻刻生怕全世界不知道，其所谓婚礼，何其轻薄无礼，不中不西，无仪无节，浑身上下哪一样不是消耗资源来的？价值数十万上百万元的婚纱你穿几次？还玩素食婚宴秀！

素，应该是简朴，而非无肉的奢靡。

这种无肉的奢靡素食秀，让人想起前些年一个热词"低碳"，一说要低碳，一下子，所有正高碳地活着的人仿佛全明白了啥是低碳似的，又纷纷秀低碳——用更加高碳的方式去秀低碳。后来又说要限塑，又用比制造塑料袋更耗费资源的材料去制造塑料袋的代用品。

从前去外地探亲访友，带点土特产，现在物流发达，到处都有相同的东西，物流使地域差别消失，特产不特，土产不土，物流使资源、能源也消耗得太快，不断刺激并助长人非分的物欲。

从前人有四季常服，有的服装一穿半辈子，有的甚至传代。现在讲究时装，衣服稍感不够时尚，即轻易抛弃。

现在又流行电商和快递，每次打开快递送来的一个小东西，层层剥开那厚厚的包裹都感到自己在作孽……

这一切，哪一样是素？就跟喝茶的一样，开着空调、听着古琴，穿着制作考究、费时费工的棉麻中式服装，热水涤器，反复冲洗涮烫跟报仇雪恨似的，最后喝那么一小口儿，这能是素？

别逗了！

有识之士评论道：老君祖师说，"见素抱朴，少私寡欲"。素的本义是没有染色的生丝，现其本真、守其纯朴，才是素啊。搞比有肉还奢靡的全素婚宴，婚礼上秀放生，子曰：索隐行怪，吾不为之矣。

2015 年 6 月 11 日

男人的血性和激情

本来要写"中国男人的血性和激情……"，一想，不对！因为根据以往的经验，一定会有人说你怎么能这么代表全部？你怎么能一竿子打翻一船人……绝对不敢这么写了，改标题——前些日子我写深圳人为什么结婚难，我的一个朋友率先发难：请别代表我！

我当时就觉得，他有血性，我没有。我迂阔地认为这样的说法和标题都是可以意会的，并非实指，类似网络语言"你懂的"。但是，遇到这种血性和激情男，我吓傻了，理屈词穷，不知道怎么回复他。

我不能说清楚什么是血性，只是有点感受。但是，现在没法和人说血性。现实生活中的人，比如成都男司机暴打女司机这事儿，最好别碰"血性"这种敏感词。那就说说影视剧中的男儿血性：《大宅门》中的七爷白景琦，该出手打人的时候就出手，打出事儿来，承担就是了，该接受什么处理接受什么处理，坐牢杀头也绝不含糊，让人想起《秦琼卖马》里的那两句唱词："二贤弟只管将响马来放，放出个祸来有秦琼担承。"当然，白七爷不是不辨是非的无脑二杆子，他有自己不断成长进步的是非判断。他的成长进步过程，就是让家里人操心劳神的过程。家里人当然没错，但双方判断所持的尺度不一样。家长们的判断和抉择，多从利害角度；白七爷的判断，多从是非角度。这两个角度，几乎无法交叉。人的成长过程，就是努力让这两个无法交叉的东西试图产生交叉。也就是说，人的血性和气性是不断接受利害的驯服的。驯服的程度，表示懂事的深浅、成熟的程度。

看戏，我就喜欢看白七爷从小到大那种横劲儿，那种凡事有担当、不回避的气性。也许是我的误解：那就应该是血性。

我还喜欢听戏曲中类似伍子胥、单雄信等这种慷慨沉痛、激烈亢奋的戏：单五爷就是不接受李世民诚恳的邀请，被活捉了就认栽，杀头也行，就不跟你苟合——"他劝某降唐某不爱，情愿一死赴阳台。今生不能把仇解，二十年投胎某再来！"弄得李世民也没招。

伍子胥家遭灭顶之灾，匿名逃亡途中被困昭关，一夜之间须发皆白，但他没有潜身缩首、气馁沮丧、苟活偷生，而是复仇的激情更加澎湃："……父母的冤仇化灰烟，我对天发下宏誓愿：不杀平王我的心怎甘！"我写过一篇《文昭关》的观后感："在那凄楚激烈的唱腔中，你被拯救的，是利益时代时刻被剥蚀腐朽的人性、人情，你被点燃的，是日渐凉薄的人心……"

话是这么说，也就到此为止了，仅仅停留在一遍又一遍地听伶人反复唱这一段戏，自己现实的心一直像冰凉的手一样，在唱腔的火炉中获得一点温度，根本经不起屋外的严寒，刚刚有点热度，旋即又复冰凉。

所以，也许是缺什么补什么吧，我自己在生活中是很没血性的，是很窝囊的。比如我遇到事儿，基本上也是以利害计，而不敢以是非计。面对切身的利害，再看看无眼的苍天，思忖那无望的是非企求，舍弃的往往是是非——所谓"是非"，也像秦琼卖马："摆一摆手儿啊！你就牵去了吧……"

必须坦白：写上面这些废话，还是因为成都男司机打女司机，看众人议论，也不过是"是非"与"利害"两个无法交叉的尺度在对骂。个人的感受：是非派，有血性，我喜欢；利害派，凉薄无血，我鄙视。

成都的这件事与我无切身痛痒，所以我的喜欢和鄙视都没有意义。如果我是双方任何一家的亲友，此刻我选择利害。

作为看客，我瞎说啊：男司机道歉，不算怂；女司机哭怨，也正常。希望有司处理问题，能谅情、循理、依法。双方能"以直报怨"，谁都别抱着惩罚对方的心态——看看，我这不又"利害"起来了？

想起张中行先生的诗：

闻道浮生戏一场，

雕龙逐鹿为谁忙？

何当坐忘升沉事，

点检歌喉入票房。

散木无用——"我本是卧龙岗散淡的人……"

——我其实企图借此向更多的人推介戏，都散了，听戏去。

2015 年 5 月 6 日

"我的树呢？"

　　昨日，在微信朋友圈发了一张莲花山的照片。正在日本留学的朋友小楚看了，立即发来他在日本拍的一组照片，并且留言："看到国内景区的树木，我老是忍不住和日本对比。日本山上的树，繁茂至极，简直让人看着感觉窒息！除了遮天蔽日的树冠，看不到任何树干和地面。因为树木繁茂，一个小土丘，给人的感觉都是幽深无比。京都周围都是山，山脚下就是居民区。可这山根本上不去，因为林子太茂密，藤蔓太多，跟原始森林一样。"

　　他又说："因为我从小生活在中国北方，看惯了那种稀疏的林子，所以看到日本城市周边原始森林一样的山地，特别不适应。每次都看得悠然神往，有要窒息的感觉。日本没什么高山，可是因为林子的关系，小山给人的感觉都特别幽深苍莽。"

　　小楚又发来几张很美的图片，留言道："注意地上的落叶。日本是不清扫落叶的。因为这会妨碍秋天的美丽。春天的落英到处都是，秋天的落叶，都是不清扫的。河边的山，是根本上不去的。林子太密，藤蔓太多，根本没路，还有蛇。就是个小土山，一点都不高，可给人的感觉却是如此苍莽。京都北区那张，许哥你看，就在山下。感觉根本不是市区，好像是乡下，可真的是京都市的。哈哈！离市中心地带骑自行车半小时即到。所以啊，在日本一看，这么苍莽的群山，真的是很震撼，很喜欢。"

小楚最后说道："最好的绿化，就是最少地人为修剪，让它自然地生长。"

看着小楚发来的文图，我立即想到深圳莲花山公园——我现在去莲花山公园，要先告诫自己：别看见什么景致被改变了就生气上火。

最近一次让我上火的是，公园的道路被拓宽了，拓路必然砍伐树木，原先的道路已经可让汽车慢慢通过，现在又弄得几乎与市内道路一样，有的地方可两辆车交会。公园要那么宽敞的道路干什么？一年能有几次大活动？那么急着开车进去，是去投胎还是去抢孝帽子啊！

道路被拓宽，树木被砍伐，浓荫没有了，那种以前本来就不多的曲折幽深没有了。大夏天的，原先公园的人行道几乎晒不到太阳，现在却处处需要撑开遮阳伞。先前路边是没有石头马路牙子的，青草慢慢侵占道路，使得道路似乎变窄了，但却更加好看，也丝毫不影响通行，后来被装上了石头马路牙子，阻隔了青草的蔓延，道路变得生硬而无趣。那么急着看见对面的人和车，是去投胎还是去抢孝帽子啊！

曾经在公园一处路边发现一株长得极像花椒树的树，摘了一片叶子，捻揉着闻，的确有点花椒的味道，这很神奇：深圳这里是不长这种树的，兴许是谁无意中扔的种子。每次路过，都要看一眼那棵树。不知道什么时候，这树被砍了。它妨碍什么了吗？那么急着砍它，是去投胎还是去抢孝帽子啊！

湖的面积没有减小，但是，原先遮挡湖面的植物全被砍伐删除了，只剩下少数极不像样的所谓乔木。湖面一览无余，一下子缩小了数倍似的，像一口寒碜的水塘。原先在浓荫中倏尔一闪的湖水如美人以纱遮面，现在变得像一张没有表情的寡妇脸，令人沮丧扫兴，毫无景致可言。那么急着看见对面的人，是去投胎还是去抢孝帽子啊！

环山人行道东南拐弯处，原先长着数株巨大的洋紫荆树，从头到脚枝叶繁茂，每逢花季，满树开白花，像怒喷的瀑布，观之令人想起有人形容日本的樱花"像泼妇一样开了"。此树的确遮挡了行人视线，但却增加了公园的幽深博大之感。后来被砍伐了，种上了俗称"广东狼毒"的海芋（北方人多不识此海芋，若不小心沾上其汁液，则皮肤痛痒如针扎），如此，道路畅通,两边来往行人远远地就相互看见了。公园里的道路即便是再宽,开车你也得慢慢开,那么急着开车,是去投胎还是去抢孝帽子啊!

莲花山公园给我的感觉是似乎有什么雄心壮志要实现,一直折腾个不停:你要是坚持每天从环山步行道走一段时间,会发现经常有长得好好的大树先是四周被挖空,继而数天后就被移走了。它们去哪儿了?为什么一定要移?不移走这些大树,地球会灭亡,万古复如长夜?我很文艺地希望:那些被移走的大树,最好能告知经常路过看见过它们的市民它们去哪儿了,以便那些比我更文艺的人,时不时像拜访老朋友一样去拜访它们,或者就像看望嫁出去的女儿,或是被流放的情人。

小楚先前发过日本一处公园的图片,精美的景致就不用说了,单是那景致的图片说明就足以让莲花山公园晕菜:比如一处名"侵雪桥"、一处名"涉成园",前者典出杜甫诗句:"侵凌雪色还萱草,漏泄春光有柳条。"后者典出陶渊明的《归去来兮辞》:"园日涉以成趣。"而我们那成天雄心壮志折腾不停的莲花山公园,南山腰有个粗糙的亭子名曰"财富亭",北山腰有个亭子,楹联上下联结尾是同一个字!(此处应有开怀大笑的表情。)

要让莲花山公园搞得如日本的公园般有文化,显然是揠苗助长了。先停止乱砍伐,少折腾,别说什么台风将大树刮倒影响行人安全云云,台风刮倒树木,只要不阻挡道路，你先看看偃卧的树木是否有继续倒下的危险，如有，可加固，可引导。如果没有，台风让它这样长，那就是天意，顺天意而行，树木也会别有景致。别粗暴逆天，只知道砍伐和锯断。

公园管理，一言以蔽之：虽由人工，宛若天成。别太折腾，日常稍加修剪，意在维护其天然即可。司马光有言："草非碍足不芟。"清代人将其意思写成两句诗："春草自来芟不尽，与花无碍不妨多。"说得够浅白的了。

作家林海音回忆老北京城墙被拆除，许多流离海外的老北京人，阔别数十年，观看别人拍的新北京照片，失声惊问："我的城墙呢？"——五个字，惊心动魄，许多人闻之泪下。

我也想很文艺地说，深圳渐渐有了年龄，慢慢会积淀下许多东西，别再那么轻率地对待自然，浅薄地对旧草木轻易挪移，应该容人问一句："我的树呢？"

2015 年 8 月 3 日

"你带书了没有？"

——听黄仕忠教授"《琵琶记》：显文明开盛治，说孝男并义女"备忘

"说文解字·中华古诗文公益课堂"2015年第一场讲座在罗湖区图书馆举办，主题为"《琵琶记》：显文明开盛治，说孝男并义女"。

主讲人为长江学者、中山大学古文献研究所黄仕忠教授。黄仕忠是徐朔方先生的硕士、王季思先生和黄天骥先生的博士，从读书做学问的角度来说，机缘、造化、福气，都是这个时代不可多得的。我跟黄仕忠夫妇是多年的朋友，我刚毕业工作的头一年，几乎每一两周都要到他家去蹭饭。但正式听他讲课，这还是第一次。

黄仕忠教授来深圳举办讲座，他的两个在读博士生陪同，一行三人开车到深圳已经是中午一点多，所以就简单用餐。聊天中，说编剧、说读书，说到拙作《桃花扇底看前朝》，他说："你写的东西，给人一个情景，而不是给人一个思路，那么不同的人会从中有不同的感受。"

我觉得，这是迄今我收到的对拙作《桃花扇底看前朝》最准确的评论。

黄仕忠教授说，其实，情景远比思路更能动人，该说的，都在情景中。就像他们做的这个"说文解字·中华古诗文公益课堂"活动，就是同样的道理：让你读古诗文，就是通过讲解，帮助你理解这一篇一首，回去你再背熟。不跟你讲太多宏观的道理和思路，因为一个人积累了一定的古诗文阅读量，该明白的就都明白了。提前把很多宏观的道理讲给你，你听了，远远没有这样的积累有效果。

他说他听研究历史的学者说，给学生提一个要求，大概是：要能倒背如流地背诵三十篇经典古文，熟悉中国各个朝代的更替顺序，能说出中国历史上五百个名人并大概知道他们的事迹和成就……学生做到了，本身就能说明很多问题，说明你已经初步具备研究能力，我觉得这的确很有道理，因为一个学生要做到这些，那个过程就很不简单，就是一个学习的过程。而不是现在我们的学生读《中国古代文学史》，考高分，你出题让他填空，唐代诗人谁谁，他填李白、杜甫等等，正确，得分。但是对李白、杜甫的诗却没读过，背不出来。这叫什么读书？这样的读书，就像是现在通常的讲座，讲大道理，而不深入到具体的篇目和作品。所以，台湾的大学课程通常没有文学史，但是有某某人的研究，通过让学生研究某人，自然地通晓文学史，一个道理。

这个话题让他兴致很高，他说："我给学生讲我的老师徐朔方教授怎样读书，我不讲大道理，不讲思路，我只说一个情景：那年徐朔方教授的母亲生病住院，一天，医院住院部那层停电了，要挪到另外一个地方去，跟医院约好了时间。我和徐先生的另外几个研究生去医院帮忙。我们到医院的时候，看见徐朔方先生在走廊的临时照明灯下高高地举着一本线装书在读。见我们到了，徐先生看了一下手表，说还有15分钟，紧接着，他很自然地问：'你带书了没有？'你看，这一句'你带书了没有'比任何你讲读书的重要性、讲珍惜时间等都有意思，该说的，全在他这一句话里面。我自己给学生讲徐朔方先生这个事儿，这是个情景，该说的也都在这个情景中了。所以，人家说，年轻人最好的学习，是陪同一个老先生去跟另外一位老先生谈话，你不要出声，听他们谈话，你在一旁听就是了。"

在"说文解字·中华古诗文公益课堂"的互动环节有人提问，如何理解新文化运动中，鲁迅和钱玄同两个人截然不同、针锋相对的争论，他们俩孰是孰非。我认为黄仕忠教授当时讲了一句非常重要但又很容易被人忽视的话："此一时也，彼一时也。"即鲁迅的求新求变的那种急迫心情是有深刻的历史背景的。双方争论，最后达成妥协，才是历史必然的结果。现在不能简单地说谁对谁错。正如儒家和墨家对待礼乐的态度，儒家在人心刻薄的时候，讲隆厚礼乐，但是，隆厚到了一定的时期，有些奢靡了，墨家出现了，以"非乐"的方式裁抑过于隆厚的礼乐。儒墨二家不是死敌，而是相互辅助，没有绝对的谁对谁错。同样的话，我在另一位留学日本的青年学者处也听到过。

受"此一时也，彼一时也"的启发，我想起今年将会请学者来"说文解字·中华古诗文公益课堂"讲韩愈，便说："韩文公谏唐宪宗迎佛骨，遭到贬黜。其实韩文公并不是坚决反对佛教，否则他早就应该反对，而不是等事情发展到那个地步才发言。当时唐宪宗以皇帝之尊，举一国之力来迎佛骨，于是天下愚俗靡然风从，下必甚焉，发生了很多朝廷不可控制、皇帝也不愿意看到的事。这时候，正需要有一个力量，能与皇权和皇帝的影响力抗衡，来制约裁抑这件事。于是，非韩文公这样'千古一人'莫属，别的人，没有这个能力。"

黄仕忠教授说："是的，换句话说，如果没有韩文公，也同样会出现一个别的文公。"

韩文公的"谏宪宗迎佛骨"，至今仍然是中国文化中的一味珍贵解药。关于这个话题，就容后再说了。

2015年9月6日

荔枝之痛

　　荔枝季节已过大半，我才吃到今年第一颗荔枝，感觉味道不怎么甜。今年雨水太多，又遇小年，荔枝结果少而品质一般，市面上也不见往年那么多，去机场的路上也有卖荔枝的棚子，但同样呈现小年的气象。去北方见朋友，带点荔枝，其实不如北方市场上卖的质量好，物流迅捷，已经没有什么地方特产可言了。

　　唐人《食疗本草》记载，荔枝"食之通神益智，健气及颜色。多食则发热"。我曾一次吃了很多荔枝，未见明显上火。

　　从前，南方人以荔枝为骄傲，北方人又因其不易得而倍加宝爱。汉武帝曾想将荔枝移栽到长安宫苑，劳人伤财，没有成功，载于史籍，只能更增加荔枝的尊贵。物稀而贵，遂为成见。至唐代，杨贵妃与荔枝的渊源自不必说。我的隔代同乡、唐代诗人白居易，任职忠州（今属重庆），见到传说中的荔枝，很喜欢，命画工将荔枝画出来，亲自撰写《荔枝图序》，这篇文字在白居易的作品中属于极平常的作品，全篇用比喻，只在最后说："若离本枝，一日而色变，二日而香变，三日而味变，四五日外，色香味尽去矣。"算是能给善于联想的人一点挥发性的感发点，其余皆说明文字，毫无焕然辞章可言。白居易本来就不是对荔枝有什么感怀，他明确地说，这就是为没见过荔枝的北方人描述荔枝形状的——"盖为不识者与识而不及一二三日者云。"

其实，查看诸如其他古籍所载，也无不是这样试图客观描述荔枝色香味形的平实之文。有的荔枝品名实在是太写实了，如："鸡子""鳖卵"；有的品种则今日不见，如："春花""焦核""胡偈"，不知演变到今天，分别叫什么名字。我对"胡偈"这个名字尤为感兴趣。现在的荔枝名字中，"妃子笑"太俗，"桂味""糯米糍"太实，只有"挂绿"最美。"挂绿"这种名字，只有汉字才有——前年得一笔洗，名"樱花洗"，形如樱花连缀，古制所无，一友新创，置于案头，储清流，日常自鉴而已。山行途中，拾一二落英，归而浮其上，激滟可观。冬夏静日，忽闻乍然有裂声，这是瓷釉在温度变化下的开裂，景德镇人称这种釉裂为"惊釉"，"惊釉"实在是再美不过、再传神不过了。如艳红的荔枝上有一条绿线称"挂绿"一样，这种名字，可谓找到了世上属于它的"唯一"。

去惠州，许大军兄邀游西湖，访苏东坡遗迹，看朝云墓冢。惠州西湖，山水相间，草木旺盛，低则阻路，高可参天，横柯蔽日，在昼犹昏。时值暑季，又逢雨天，闲游亦觉闷热，不知苏东坡其时，如何度过这样的天气。诗人襟怀，自是常人所不能理解的，有诗云："报道先生春睡美，道人轻打五更钟。"顺着他的诗句追溯，这不是神仙一样的日子吗？还有两句就是人人所知的写荔枝诗："日啖荔枝三百颗，不辞长作岭南人。"这些诗句并非写实，而是诗人苦中作乐，随遇而安。但是，传到京城，他的同年、昔日朋友、政敌、宰相章惇读罢，以为苏轼以诗示威，大为吃醋，甚至气急败坏，心想：把你苏轼一再贬谪，你不知道潜身缩首，还以这样的诗句高调炫耀，他说：苏子瞻竟然如此快活逍遥！那行，将他再往南贬谪，去儋州。

苏东坡的命运就是这样被他的同年、昔日的好友、持不同政见者、权臣勋要，一次次切割——仕途频繁受沮蔽①、屡遭打压迫害，刀刀相逼，而不改其志，更非折节易志以求苟安富荣。

应该说，这种精神上的刀斧相加，摧残了彼时现实的苏东坡，使其不能在政坛发挥作用，造福于朝廷国民。但是，在人格和文化上，客观地成就了苏东坡。

西湖边上有老荔枝树，枝干弯曲而遒劲，自主干至枝干皆有一道道深深的刀割环状伤痕，鼓露凸起，一个个相连，真可谓伤痕累累。这是果树的环割痕

---

① 沮蔽：见《宋史纪事本末》。沮，使其感到沮丧；蔽，阻碍、打压。

迹——果树生长到一定阶段，想让它坐果率高、果实品质甘甜，就要在不同的果树枝干上，每年进行一次或数次的环割，即用刀深切入树皮，刃及木质，将一定宽度的环状树皮割掉，目的是阻断顶部光和营养通过树皮再传入树根，这样营养就因树皮的环割而受阻，留在上部，被果实汲取。比环割更深重的是环剥，也叫开甲，即像剥掉树身上的铠甲一样剥掉一环皮。有的果树每年要经过数次这样的环割、环剥，而树却能在当年将伤口生长愈合，这样来年就免不了再次利刃加身，甚至有的环割还专门用钝刀才效果更好！

所以说，你吃的最甜美甘芳的荔枝，是荔枝树挨了千刀万剐之痛而结的果。

人要脸，树要皮，木犹如此，人何以堪！

这不正像苏东坡一类人的命运吗？

2016 年 6 月 30 日

还奢谈什么年味儿!

临近农历新年,各种有关年味儿的讨论越来越多了,路子是很清晰的:一是感觉物质越来越丰富了;二是感叹年味儿越来越淡了;三是问:怎么才能让越来越好的物质生活再多增加一些年味儿。

吃的不说了,让你回到穷而有味儿的年,不可能,也没必要。那时候你过年,旧衣服上罩一件新衣服,怀里多揣两块水果糖就陡然有了优越感,就高兴得大获年味儿……这个,不能用来要求今天的过年。

有的说,不让放鞭炮使年味儿越来越淡了——瞎说!没有鞭炮的时代人就不过年?无论如何,鞭炮是助兴的,你一点兴都没有,就是把你放到火药桶上轰到空中你也没有味儿。我是反对城市里过年燃放鞭炮的,人口密度大,居住的都是楼房,一旦发生意外,你就后悔过年了。我看着一些县城也纷纷建造三四十层的住宅楼,就很想提醒买楼的:你是否了解这些小城市的消防设备够不够用？再说，近二三十年来，即便是乡下，燃放鞭炮也是无节制地肆意燃放，以为燃放得越多，越能得到天地神灵的特殊照顾，这纯粹是以愚贱小人之心揣度神圣之腹。

其实，别瞎猜了，过年没年味儿，就是人与人的关系以及联系关系的文化程序出问题了，一到过年，这个文化程序就不给力，就短路或死机。

所以，今年中华书局邀请专家就过年作讲座，题目已经不是过去那种讲解过年的礼俗了，而是讲过年的礼俗消失的原因。看这题目设置，就是彻底将过年已经没有年味儿、年味儿已经消失殆尽等当作前提了，不像过去那样不甘心承认。

这是无可奈何的事。

贫穷才有味儿？那"仓廪实而知礼节，衣食足而知荣辱"（《史记·管晏列传》）怎么讲？放鞭炮才有味儿？尽管这些年不让燃放，可是，你放得还少吗？不也照样没味儿？

其实，年味儿越来越淡薄的原因，用过去的一句话说，就是：礼崩乐坏了，所以，年就过得没文化、没味儿了。

舍此，没有其他原因。

朋友圈曾疯传几个北方农村拜年的视频：山东、河南、苏北等地农村的拜年情景——大年初一，本村本族之间、不同宗族之间相互拜年，男女分别结队，行叩拜礼，有的还请乐队伴奏，受拜者为族中长辈。由于人多，拜年磕头就在庭院甚至马路上进行，虽然没有铺拜毡、整队、唱赞，而是随人随地而行，人多势众，齐刷刷地跪倒，礼拜如仪，长辈受礼，喜气洋洋，端出花生糖果散发，场面非常动人。拜完一家，又走到下一家，途中与别的家族拜年的人群相遇，彼此朗声打招呼，显得非常亲热友好。

我观此礼俗有如下好处：

一、明父父子子之序，使人从每年的第一天，就强化自己的身份感：当长辈的德行事功要方方面面像长辈，当晚辈的楷模，配受晚辈这一拜；当晚辈的要像晚辈，恭恭敬敬地叩拜下去，向长辈祝福，也是向长辈学习，因为晚辈有一天也会成为长辈。

二、敦亲睦族、善和乡党。磕头拜年，化解了一年当中许多避免不了却又纷纷扰扰难以言说的尴尬和矛盾，亲族由此得以谅解、和睦，日常关系懈怠、彼此来往松散的，由此得以整饬紧密；邻里乡党，不同家族之间，彼此通好礼敬，不同宗族在拜年时展示人丁，又竞争礼节、礼数，颇有君子之争，揖让而已之风。于是，过年才有了过年的意义和价值。这也正是前贤不断丰富增饰过年的目的和意义。

这些拜年礼俗，也许今日粗鄙浅躁愚顽之徒视之或以为奇异，而不觉其礼乐的文化实质。

传统的过年，就是礼俗过年，礼节往来，美而有序。

今天，多数是新文艺过年、娱乐过年。新文艺多无根浮游，各种祝福显得虚头巴脑。

过年，礼乐之外，辅以娱乐功能是必需的。但娱乐无度，以为娱乐无尽就是过年，娱乐节目的制造者和表演者在电视上掷地有声地说"我们就是给大家过年增添一点笑声、供人一乐而已"，巧言令色，以娱乐掩盖、排挤、干扰、覆盖礼乐，不就是"紫之夺朱也""郑声之乱雅乐也"？（《论语·阳货》）

礼俗之于人，是有一定的约束和限制的，而不是狂欢和放纵的，所以，礼数一定会使人受拘束；避繁难而求便易是人性，所以，即使是在古代，礼俗也是在执行的过程中，不断地被人松弛、怠慢的。正因如此，才需要经常不断地被人强调并整饬、申明、修复，犹如鞋带、腰带会松弛，因此才需要经常紧一紧。

年味儿越来越淡，原因就这么简单，不执行礼俗，不受拘束，总想娱乐放纵还要有年味儿，按照汉朝人的说法，这种想法就是"浊其源而望流清，曲其形而欲景直，不可得也"（《后汉书·刘般传》）。不可能的。

2017 年 1 月 11 日

过年与亲戚相处，如何能皆大欢喜

　　过年要不要跟亲戚往来？怎么跟亲戚往来？这在我们乡下老家根本就不是问题。这话题还拿出来说，还不自量力，企图以经验指导他人，真是令人尴尬，甚至心生悲凉。

　　原因是，春节期间，各种自媒体，出现了数篇同样话题的文字，多数是迁就当今那些所谓读了书在城市生活的人，比如什么读书越多越不愿意跟亲戚往来等等，似是而非，惑乱人心。

　　与亲戚往来，就是过年的主要内容。没有了与亲戚的往来，过年还剩下什么？

　　礼节本身就有强制性，不遵守就要承担后果。礼节不能完全顺从、迁就人的当时情感和心理。它为的是一种长久的价值，而不是一时的短暂感受。

　　年轻人，多不耐烦传统礼节。过年期间与数位朋友微信交流，朋友小新说，在贴吧里看到一位网友说的话：没放假的时候总想早点回家，回家了又总想早点出来。还有一位网友在批判亲戚，说几乎所有人都越来越不喜欢"亲戚"了。很长一篇文章，看了觉得挺有道理，可细想一下，如果七大姑、八大姨对其他亲友不闻不问都自扫门前雪了，这样的"亲戚"其实也没什么意义。

回复小新：千万别听他们这种貌似"真实""正确"的坏话了。人与人有很多缘分，而亲戚与你是血缘，生物性兼伦理的缘。你觉得与好多亲戚相处，不如与对脾气的朋友相处爽，是的，与朋友也是缘，可朋友再亲，也代替不了亲戚的伦理功能。与亲戚的缘分，注定了你一生有很多事情离不开亲戚。你们年轻，慢慢地就懂了，千万要处理好与亲戚的关系，要耐烦。不就是春节回家，亲戚一年半年不见面，也没音信，见面没话，就问你工作、问你收入、问你婚恋等这些烦人的事儿吗？他们问他们的，怎么应对，考验你的智慧。可以说，过年就是要你应对这些烦人的事儿嘛，这也是年味儿嘛。

在对待亲戚的问题上，不要任性，不要只图自己痛快，大家好，才是真的好；如果你只图自己好，慢慢地就会觉得谁都不好。

教你三招，与亲戚往来相处皆大欢喜：一、彼此能黏糊的尽量黏，不能黏糊的少见面多稀罕；二、彼此关系挂心间，礼数周全不嫌烦；三、良言一句三冬暖，见面说话嘴儿甜。前两者好理解，第三需要特别说明一下：亲戚中难免会有人经常拜托你办事，这是天经地义的，你也应该办。但是，谁也不是万能的，不是什么事儿都能办。亲戚若提出，你应主动对亲戚承诺："您家里有什么事儿，甭管我办得了办不了的，尽管说，我不能办，咱们是亲戚，我也不怕您笑话我没本事没混好；能办的，我一定尽力。"

小年是一位高学历美女，机智聪明，善应对。她说：每一个春节，都是自由意志被疯狂碾压的时刻，在这个节日里，你可以是任何人的谁谁谁，但唯独不能是你自己。

回复小年：理解正确！春节正是这样，必须这样。作为谁家的主妇主婆，考验你的时候到了，要经得起考验，最好表现精彩。

千万不要做什么自己！一、你做不了；二、你做了就没自己了；三、我就这么令人讨厌总爱教人，忍几天，很快就过了。

过年，就是过亲戚。过年，就是见人。世上除了寺庙里的神佛，没有人见人爱的人。你见的人，一定不会都让你愉快爽利，你别老盯着不爽的，尽快调整自己。再说，今天不爽的，备不住明天会很让你愉快。

这就是缘，难以掌握的缘。

2017 年 2 月 1 日

世上所有的愚蠢都有共同的宿命

过年看戏，王辅生的秦腔《看女》，实在是秦丑一绝：农村没文化但胡搅蛮缠的妇女任柳氏，上门与自己的亲家母辩理，辩不过人家，嫌丢不起人，一狠心，把脸皮一抹，豁出去了，自言自语："看来今天要和我亲家母胡说哩……嗯！胡说就胡说,我可有胡说的病哩！"

观众看至此，大笑不止。

这就是戏曲教化人的作用，它明确地告诉观众：胡说是病。你为了不丢人，跟人胡说，结果是更丢人。

但是，这个世界上所有的愚蠢都有一个共同的宿命：一蠢，必然再蠢。简直没治。

曾看到一段小视频，一位据说是宁波老虎咬人事件死者亲属的人说：再怎么说，动物园也有管理漏洞，你没有把护栏铁丝网搞得让人想爬也爬不进去嘛。

第二天再看，这个视频已经被删除了。

当时这个视频下面就有人评论："听了他亲戚这话，

我就不同情死者和死者的亲戚了。"意思是，原本是同情的，但因为死者的亲戚这样说话，立刻让人不同情了。

这话的意思我理解，就像北京那个被老虎咬伤的女子一家，她母亲被咬死、她被咬伤，也足以让人同情。网上最初说她家是著名的医闹，我不知实情，不妄揣测，但看她后来非要和事发动物园打官司，在媒体上抛头露面，强词夺理，还说，既然已经这样了，她也不怕再被人骂了，无论如何要追究动物园的责任，要求赔偿——一个人不怕被人骂，这太可怕了！世界变坏，就是从人不怕被人骂开始的，不是吗？因此感觉即便从前她家不是医闹，但的确具备了超级医闹的一切素质，甚至有过之而无不及，所以，看了她的最新视频访谈，我也就不同情了。

再说宁波动物园这位死者的亲戚，他的原话是：你应该把铁丝网做得让人爬不过去。

意思是，凡是人能爬过去的，都是不完善的、有管理漏洞的，有漏洞就应该有责任。

这不就是典型的医闹思维吗？同样具备了医闹的一切素质，甚至有过之而无不及。

想想常识：动物园的铁丝网哪里是用来防止人爬的？那首先是防老虎爬跃的好不好？只要能有效防止老虎爬跃出来，就算无漏洞。防人？那为防止你跳伞进去，是不是得加个铁网盖啊？为防止你挖地道进去，是不是得在虎园地下先铺设一层防钻洞的底啊？你去的是动物园，而且还是猛兽园，不是到花园里散步，难道你没有一点起码的防范意识吗？北京那个被咬伤的女子说野生动物园的指示牌不够多，要多少才算多啊？你不知道自己一家是去野生动物园找刺激并把刺激转换成乐子？你进门没签相关的安全责任协议？动物园连一块安全提示的牌子都没有吗？胡搅蛮缠，说话不断地闪转腾挪，吹毛求疵，转换标准……你这样胡闹胡说，咱还能把你当正常人看待吗？正常人不知道自己去的是什么地方？

同样闪转腾挪，吹毛求疵，转换标准，宁波动物园死者那位亲属的话简直可以用来造句：一个女子被人强奸，她有责任，原因是她自己没有防护得让人强奸不成。请继续……

这就是胡说。

胡说是不是病？

其实，我和你都有这个病。我们的心里都藏着一只老虎，这只老虎不甘心被仁义礼智信教化，不愿意被文明礼仪和规则法治驯服，它随时会在自己有利益需要的时候跳出来咬人，对人胡说。

世界变坏，就是从人不怕被骂、敢跟人胡说开始的，不是吗？

至于说什么动物园的收费问题引发对物价和公共资源被利用的讨论，什么有人引用据说是杜撰的南非动物园处理同样事件的方式，什么朋友圈群转发的各

种标榜还原事件真相的文字等等，不在此赘述，因为
我怕一不留神也跟着胡说。

2017 年 1 月 31 日

他们趴在"正确"的床上赖着不起

　　我在出租车的广播上听到广东电视台主持人王牧笛，因女护士给女朋友打针数次没找到血管而焦虑，事后在微博上吐槽要砍护士并最终道歉的新闻，听到电台主播们说他扬言想砍护士，心想：这孩子不对。接着又听主播们说，许多人让他道歉，他再三道歉，也删除了微博，可是有人强烈要求王牧笛所在单位开除王牧笛，我心想：这些人不对。

　　记得十几年前，我当记者跑卫生线的时候，本地发生了一个银行某高管举枪催促急诊科护士，把那个护士吓坏了的事件。当时的医患关系不像现在这样紧张，或许是因为信息传播没现在这样便捷？当时媒体毫无悬念地谴责那个举枪威胁医护人员的银行高管。我去采访卫生部门的负责人的时候，这位大学教授出身的卫生局官员说话很谨慎，他不愿意把话说得那么狠戾。我当时将他一番有些絮叨的谈话，总结成这样一段词儿：人类飞速发展着的医疗卫生水平，永远滞后于人对健康的希求。而病人尤其是急诊病人，因为疾病带来的暂时性焦虑，医护人员应该给予理解。同时，作为一个现代市民，经常使用城市公共设施，也应该有起码的常识，不能希望医护人员像病人和病人家属一样万分焦虑才算尽心尽力。我问这位领导是不是这意思，他连连说是。就这样，这话变成了他的发言，被我写在报道中。其实我的这些认识，不过是将老家乡亲挂在嘴边的俗语"急病人，慢郎中"换了个说法而已。

原本我对王牧笛事件就不再关心了，其实王牧笛是谁我也是后来才知道的。可是，当天又在微信上看到不少朋友在转某女作家写的对此事件很煽情的评论文字。我大致扫了一下，发现其意思也不过是换了更乖张的语气数落批评王牧笛，借以表达自己比王牧笛胸怀更宽广、情感更细腻而已。我可能带着对这位作家文字的反感以及傲慢与偏见，回想王牧笛事件，认为网上对他的种种讨伐有些过分了。

中国文化之道，忠恕而已。忠者，必曲尽其情，即处理任何问题，要察微得情，尽量了解得全面细致，不能浮空掠过，仅凭表面的概念得出结论还付诸行动；恕者，不过是推己及人，以情而谅之。在网上动不动喊砍人的，多数是表达情绪，而不是真正地要砍人。我们中的一部分人现在已经不会用传统的比兴思维了，已经不会"听话"了。

王牧笛作为一个血气方刚的青年人，在当今传播工具如此便捷的时代，将个人的一些情绪吐槽到了自己的微博上，也就是发泄一下，但作为公众人物，言语有影响力，所以他这样做是错的。经过别人的批评，他也知道错了，删除并两次道歉，我觉得这样就可以了。

但是，有些人就是揪住不放，非要让王牧笛所在单位将他开除不可，还有提出开除他都不够的。我觉得王所在单位应该不会顺应这种民粹情绪。可是，那些人不依不饶，仿佛王牧笛真砍了人一样，他们怎么不知道，真砍了人有警察管着。

王牧笛不过就是发泄了一下情绪嘛，你们认为王牧笛是天神啊？他的话一句顶一句，对你们来说是圣旨还是灵验的咒语？你怎么把他的话那么当回事儿？

我将自己的上述理解发到微博上，自然引起了一些人的反感，有人用肮脏恶毒的话骂了我，我看出了他们对我的愤怒。这些人血脉偾张，一副英勇就义前满眼血丝的样子，红光照人，很不正常，但显得很正经。不依不饶，尽情发挥他们所看见的对是非黑白的判断。因为他们要挥洒自己对正义的抒情，一开始抒情就太过，一时收不回来，中间还有所谓作家助阵，就更正确地万丈抒情再起高潮刹不住车了。其实他们就是正确不起，不是伤不起。现在社会上有很多这种自己把自己挂在永远正确的灯泡上烤的人，凡发言，必认为自己正确，这就是一些正确不起的人——趴在正确的床上，赖着不起。

你们说王牧笛戾气，在我看来，他还不够戾气，他仅仅是在事后于微博上吐槽而已，连医院名字都不敢说，更没提护士名字。我感觉这孩子禀赋有点弱。他甚至连骂人都算不上，就是表达一下怨愤而已。你们这种死缠烂打、狠叮猛咬才是戾气！你们认为把王牧笛开除，把王牧笛整得很惨才能解心头之恨，才是真正的戾气！你们的戾气装罐都能当火箭燃料了，这算是新能源吗？

子曰："听讼，吾犹人也，必也使无讼乎！"——就是说，哪怕是到了争讼的地步，公正的处理结果，最理想的，必须是息讼平怨，而不是某一方迫于另一方的压力和势力，隐忍受沮而退。这种结果，胜利的一方并不是真胜利，而是流氓斗殴似的占上风；失败者也不是心服口服，而是我打不过你，先撤退，保留我的青山去。事件貌似平息了，但怨恨和戾气却萦绕充塞于天地之间。你们的怨恨是怨恨，王牧笛的怨恨就不是怨恨？你们人多怨恨重，很了不得，王牧笛人少怨恨轻，就可以忽视？

自古以来，世界上绝大多数的争讼都做不到"无讼"的理想结果，所以，中国古人看到了这个人类难以解开的纠结，发明了"礼"，对于这种人陷入争讼的解决，提出"狠毋求胜"的思想，就是说，跟别人争斗诉讼，以不刻意固执求胜为好，这样自己心里才过得去，才能不招致对方的报复和反弹，才能达到"无讼"，这也就是温良恭俭让的让，即"恕道"。

2015 年 8 月 4 日

没文化了，人与人的关系很容易打死结

——从杭州女子携骨灰盒打的被拒载说起

数年前，我写过一篇谈节日文化的文字：《礼仪缺失，必然迷信猖獗》，看看当下的城乡社会种种人情往来，市井百态，尤其婚丧嫁娶之事，让人感觉迷信是越来越猖獗了。

之前，杭州张姓女子与父母、亲戚携带外婆的骨灰，从殡仪馆打车，被司机拒载，新闻闹得很大，网上评论汹汹。我注意到网上的评论，直肠子好心人没好气地说：司机自己家就不死人？司机自己就永远不死？将心比心者说：反过来想，张姓女子如果自己是司机的话，会不会拒载？

这两者都是好人好心说的好话。可是，这仍然是一个死结：遇到这种事，双方怎么办？到底该不该拒载或被拒载？

我在朋友圈评论道：这种事在敝乡非常好解决，根本就不是个事儿。许多朋友看后，纷纷留言咨询：

怎么解决？怎么就不是个事儿？

我先说说敝乡怎么处理这种事。

人或老或病，急送医院治疗中途死亡者有之，到医院死亡者有之，都是用自家的车或亲友的车，有的就是用出租车运回死者家中办丧事，至今我从未听说过发生拒载的事。现在我根据老家的人情语境去想象，如果有人拒载，他会遭受非常大的舆论压力，甚至给自己惹麻烦——他家今后若有老人去世，很可能遭到乡亲拒绝帮助办丧事的制裁。这就是风俗的力量。昨日，见杭州这则拒载新闻，我与亲友谈论，如果司机年轻见识少，心里真有顾忌，怎么办？有人随口就说：很简单嘛，要是发生在咱老家，张小姐应该早早准备好一块红，见司机就先让她父母给人家搭上红，再给个红包，就一点问题都没有了嘛。举座无不粲然称是。

红，就是数尺长一块红绸子或红布，有的直接用一块红被面，男左女右从肩头斜下到另一边腋下拴上，谓之搭红；红包则无论钱数多少，用意在红不在钱，当然，事主不应该太寒酸，敝乡俭者不低于十元，丰者亦不过百元，事主还不能过分夸张地多给，以免破坏风气。如此，双方在一种礼仪的默契中，完成各种信息的对接，既庄敬又客气，所有所谓臆想的晦气和迷信，统统没有了。这就是仪式的力量。这个仪式，是非常得体完美的仪式，不是吗？

关键是，这种事从来没有发生过，就是说，如果谁用车载了骨灰、尸体或棺材还让人家给他搭红，这人就让人看不起，认为难说话、狡嘴，也要承受如上压力。

敝乡风俗，非常乐于帮他人办丧事；非但不以为晦气，反而认为很吉利。本村在外地工作的人，会叮嘱留守在家的亲友，一定要及时告知本村老人去世的消息，百里乃至数百里之内，必然返乡帮助办丧事；实在走不开的，也会打电话、捎信回去向丧家吊慰、打招呼、解释，当然都会获得谅解。村民平日邻居之间有矛盾者，遇到邻居家有丧事，也会率先主动上门吊慰并帮助办丧事，丧主见面，分外感激，往日无法消弭的矛盾，于此得解。周围其他人也都在看，看某家有丧事，与其有矛盾的一家人若不去帮助办丧事，必暗地谴责，他也会遭到一种如上巨大的心理压力。

忠鲠孝义以教君子，因果报应以警愚俗，迷信从来就是给愚夫愚妇准备的一碗心灵鸡汤。中国古人从来不忌讳给别人办丧事：父母丧，儿孙葬之以礼；师傅逝，学生葬而服心丧；朋友死，义葬而祭之如仪，即在自己家给朋友办丧事；有的与死者有特殊关系，三年之服既除，也有为死者追服即继续穿孝者；至于见荒野无名骸骨暴露，瘗之祭之，使亡魂安息者，观诸古籍，在在有之……这些中华祖先留下的文化礼仪和文明风俗，实在是取之不尽的能量，温暖着漫长的历史，抚慰着坚硬的现实，也应该照亮遥远的未来。

我庆幸并感激自己的老家，仍然将如此深厚的文化风俗，转化为一句简洁的俗语，根植于人心："宁停丧，不留双。"如果据此说吉利，给人办丧事是吉利的；而随便容留男女，才是不吉利的。前者厚人心而敦名教，后者败礼教而坏风俗。就是说，司机应该以帮助别人办丧事为吉利，而你平时深夜候在娱乐场所门口载客，让男女在你的车上亲热才是不吉利和危险的。

再说张小姐，凡事预则立，外婆去世那么大的事，不事先预备，仓促叫车，是为不敬，无礼；司机有所顾忌，此凡人之常情，可谅；张小姐不能随机应变，以当地风俗化解，是为无仪。

其实，司机与张小姐所在地区，估计也早已丧失旧礼俗，新礼俗还没有形成，人与人相处，没有了礼俗的谱，或有谱但残缺不全，于此处漫漶损失，双方进退无据，必然形成死结，最终要诉诸法律、公之于媒体。

礼俗消失，即没文化了，人与人的关系很容易打死结，且无解。"民免而无耻"，于此可知。

由此想到现今民间婚丧之事出现的种种奢靡浪费、淫秽表演、荒诞迷信等怪相，困扰着民众以及地方政府和官员，负责任的官员下决心要整治和清除。但是，在你的好心办好事之前，一定要先认识到：正是由于正常的礼俗被荒废、破坏，这些伤风败俗、违背礼仪的怪事才层出不穷、无法节制。千万不能将你当下所看到的种种怪相视为传统礼俗，这个黑锅，传统背不起。

那些曾经温暖着漫长的历史、抚慰着坚硬的现实，
也应该照亮遥远的未来的传统文化，也不能受此诬枉。

2017 年 2 月 25 日

这个科技无道德

　　我这个从不追热点的人，一直被认为是保守的、守旧的、腐朽的、老顽固什么的，其实我都当是夸奖我来着。问题是，这些指责我保守、守旧、腐朽、老顽固的主儿，都不具备权威认证发放资格，所以，他们的指责与他们的赞美一样，没有意义。他们唯一能证明的是，他们懒惰、虚妄又贪婪，凡是不跟着他们一起同节奏闹腾的，都是他们排斥的保守、守旧、腐朽、老顽固什么的。而他们是无条件无底线地苟日新，日日新。

　　其实，如果真能够当一个实至名归的保守、守旧、腐朽、老顽固什么的，那多好啊！可惜，我远远不配。我跟这些苟日新们同在蓝天下，其实也是日日新的。这一点我一直很清醒，并为此很沮丧。

　　网上还有个律师专门写了篇据说是"狠狠地批驳"我的文章，称我是腐儒，并链接给我看。我第一次回复他："我不看，根本不点开。"他又来第二次给我留言链接，这回我给他回复："您留着自己看吧。我是严刑拷打也不会看的。再说，我也没指望你能写得多么好，我至今还没看见一个法呆子有文字能看的。咱俩彼此是不可救药，不必相互指望说服对方，各自影响各自的读者，被点化或被祸害，是读者自己的慧根决定了的。这一点，你就傻，根本悟不出来。"

——这就是现代流行的：怼。

我从开始上网到现在，没少跟人怼。湖北有个人，专门组合了我的经典怼，在她的博客上发了好几个专辑。许多被我怼过的，一定对我恨得要死。您无聊的话，可以上网找找。看能不能顺便学学怼术，长长怼功。

我这一点也不懂科技，成天幻想人类能回到步行、写毛笔字时代的人，这回怼了一次高科技——

科技骗人好多次了，比如您还记得吗，当年计算机刚出来的时候，科技许诺人说：等普及了计算机，人就可以不用干活了，至少不用那么忙了，可以有更多时间享受清闲了……

现在，计算机都快被淘汰了，人是更清闲了还是更忙碌了？你说！

有个微信朋友转来一篇公号文字，标题是《谷歌工程总监：人类将在2029年开始实现永生》，问我："不知道先生看过这个吗？有何看法？"

我的回复是："坏人不死怎么办？这个科技无道德。最理想的科技是：坏人病且死，好人寿而康。否则，与坏人同寿，寿长辱多……"

这就是怼。

马云前两天在旁人的帮助下，唱了一段样板戏，嗓子还不错。视频立刻被疯传。人们仿佛看到了首富的另一面。包括我在内，都认为是好事，想象因为马云有示范和榜样作用，许多人为了靠近他、模仿他，就得靠近或者学京剧，否则，梦想有一天马云邀请他参加个堂会，到时候不能凑合两段西皮二黄，与马云不搭怎么行！再不济也来两段黄梅戏或二人转，混搭。所以说，很可能在中国富豪圈，一个悄悄地学戏曲的热正在酝酿中。

趋炎附势是人之常情。死鬼王林"大师"把自己折腾成了炎势，连马云不也趋附了吗？

这就是窍门：成了某个行业的炎势，自然有人趋附。问题出来了：炎势是普通人说趋附就能趋附得了的吗？

越是熏炽的炎势，越是稀缺的。稀缺的炎势是一个阶层的标志，本阶层别的人都有，我没有就不行，我没有，就缺少了这个阶层的一项资格认证。未必我也信，但我不能没有。某个很费男人又费钱的歌星，自己都算是小炎势了，但是，她信佛，要拜最著名的高僧；信道，就找李一。您当她真信吗？不信。她也信不了。但是，她必须有。圈子里都有的，我也有；圈子外没有的，我有。对于一部分人来说，这才是成功。

科技比谁都趋炎附势。趋炎附势是科技的研发动力。

据说科技已经实现将人推向外太空遨游，那么，您当您也有机会"赶圩回来啊哩哩"啊？排队都轮不到你。冬虫夏草是谁都能当菜吃的？一帮奸商就可以给一个贪官每天用1斤冬虫夏草炖金钱龟，你信不信？

所以说，所谓"2029年开始实现人类永生"——您瞅瞅，奥妙就在"开始"两个字。开始？谁先开始？是摇号，还是抓阄？还是按姓氏笔画？不还是"你懂的"那些人先开始吗？不还是那些能不让别人永生，自己却能轻松拿出5个亿保释出来的人先开始吗？

所以说，我根本不点开看这个"人类开始实现永生"的公号文字。

除非这个科技是这样的科技——它能记录人的善恶并根据人的善恶决定人的健康和寿命。比如，心里有善念，某种健康指标就上升；有恶念、邪念，健康指标就下降。要非常细：比如随地吐口痰，健康指标下降；捡一个垃圾，健康指标上升。上地铁，一上来就往里走，让开过道区域方便别人出入，每到站就自觉地看看是否阻挡了他人上下，健康指标就上升；否则，一上来就堵在过道门口勾着脖子看手机不管任何人上下的，指标就下降。

万事照此类推。

同一个人，有善念、善举，健康指标就上升；有恶念、恶行，健康指标就下降。反之亦然。善恶相抵。永善永生，恶满立毙。

通俗地说，科技应当实现这样的理想：决定一个人寿命长短的是他所积攒下的善。其实，这就是将《太上感应篇》通过科技变成可操控的现实。

其实，照目前的无善恶科技，我上面说"与坏人同寿"也是实现不了的。善恶同在，善通常吃亏。

所以，不惩恶扬善，善会死；不放松惩恶扬善，善才不会奄奄一息。

如果科技让先富起来的恶人们先获得永生了，先富起来的恶人们就更相信恶的力量了，变本加厉地恶，托拉斯地恶，全世界也都会奔向恶，看谁比谁恶，至恶得永生；否则，稍欠一点儿，一个善念闪过，就有可能中途崩殂。

所以说，不讲善恶道德的科技永生，根本不是人类永生的开始，而恰恰是人类灭绝的开始。

科技要真正造福于人，实现人的永生，就按照我上面说的，将人格式化，建立人的善恶功过格，以善恶功过格决定人的健康和寿夭。

好了，这个创意，拿去吧，不谢！

2017 年 4 月 11 日

越没文化，越容易依赖荷尔蒙

"君子生非异也，善假于物也"（《劝学》）——这是我的生活小妙招。

世界每天发生那么多事，你的时间精力有限，难以周到关注，稍微留意选择几个你信任的坏人王八蛋，帮你判断，套路是：凡是他们对一个事件说东，你一定要朝西选择就对了。

昨天，小殷问我：大哥，咱们好久没见面，也没联系了，为什么在"辱母杀人案"这个问题上意见一致？

答：因为咱们内心仁善，且生命健康丰沛，有性情。

标榜理性、冷静、客观的世界越来越缺少有性情的人，所以也越来越少人能理解性情之言。别看现在很多人成天叨念"关关雎鸠，在河之洲"什么的，但是《诗经》所代表的比兴表达，在我们身上基本上快死绝了，多是"吃一斗拉十升"式的思维，根本不会消化。还真是段子说的：看见好山好水，除了狂呼"哇靠！哇靠！哇靠！"没词儿了。

没文化，其实就是没性情。

没文化，见一老汉勾上一个姑娘，根本想不起"白发""红颜"这种词儿，更想不起"一树梨花压海棠"这种句子。

前些天在一个学校作讲座，回答学生该不该早恋，提问者说：古人十四五岁还结婚了呢……

答：古人十三四岁，穷人的孩子早当家，世家子弟习诗礼，洒扫应对、迎来送往，跪拜应答、吟诗作文，无不得体，你问古代小姑娘叶小鸾可曾心生嗔念，她回答："曾因泥污叱燕子，为怜花谢骂东风。"——你多大了？十六七？你除了"哇靠！哇靠！哇靠！"弄不好还有校园暴力，你也配早恋！

结论是：早恋可以，但仅仅有荷尔蒙是不够的。

越是没性情，就越没文化；越没文化，就越依赖荷尔蒙。

连荷尔蒙都耗尽了，就标榜理性、客观、冷静云云。

2017 年 3 月 29 日

乘地铁的伦理

北京地铁上，俩女人不知道为什么厮打起来了，边打少不了边骂——古人说"读书法，有三到，心眼口，信皆要"，说的是让身体各个器官都活跃起来掺和进来，这样方便理解和记忆，尤其全身心地参与，更容易获得感动。但中国人读书多不愿意读出声音，能少让一个身体器官掺和就少让一个器官掺和，极其节省自身能量和器官的磨损。掐架却不同，必全身心投入不说，还要拉外援——那俩女人，死死拽住对方衣服猛扯的同时，嘴里不停地骂，骂的当然是脏话，脏话就不直接引用了，总之互骂的声音很大、很坚定，让人联想：这俩女人好像各自养了一群男人，时刻听从使唤，一声令下，就可以加诸对方或对方母亲似的。

接着，一个先是把另一个的短裙子掀开，对方大叫：你把我都弄走光了！这无疑鼓励了对方，使对方掀得更厉害。这一方随即也猛扯对方的衣服，目的是也让对方走光。上衣都快扯掉了，但是，裙子却使劲扯都扯不掉也扯不断。这时候应该感谢现代纺织技术和材料，化纤的东西不容易扯掉，如果换成棉质的就很难说了。

人与人，就是矛盾的存在。城市人口密集，矛盾就更多。

想起自己乘深圳地铁4号线的事儿：那日早上事急，乘地铁外出。正值高峰，这条线很拥挤。悲催的是，我乘区间一站距离就得下车转换另一条线，而下一站，列车是对面那个门开，所以，我必须慢慢地从这边小心地、尽量不影响他人地挪到方便下车的位置去，至少要挪到车厢中间位置，否则到站后，因人多拥挤根本就下不去车。

人实在太多，几无插锥之隙，转身非常难。我一路小声地抱歉着、感谢着，慢慢地跟周围的人相转身互挪。我的双手像投降一样高举着，尽量不让自己多占地方，但是，随身的小包还是不免碰到旁边的人，就听得身边"呲""嗨""咦""呀"等种种不满之声，人多，个个低头刷手机，脖子勾得跟得了鸡瘟一样，一点不挪动，还不愿被挨着碰着。

我觉得，乘地铁应懂得某些伦理，就算是你个人的应急预案吧：人多免不了拥挤，多担待。咱一不是约好的，二不是故意跟对方别扭。我没有专车，您不也没人接送吗？咱都没资格撒娇使唤，想开点儿……

后来一路想这事儿，有点感想，就不恰当地假借一个大词儿"伦理"，说说乘车的伦理吧，大约可包含——

第一，中国人多众稠，公共交通工具、公共服务设施等就不会太宽松舒适，也不会太注重细节和周到，服务人员也应付不过来，服务一定不会太好。当然应该更好，但凡事总有个过程不是吗？比如外地人常对北京的服务员语气倨傲生硬颇有微词，我却能从现实中忍受、从内心谅解——人实在是太多了，他一天要和颜悦色说太多的话，基本上快修炼得距离圣贤不远了。将心比心，同在蓝天下，咱自己身上毛病很多，凭什么要对方至善至美？谅解是获得幸福感的不二法宝。

第二，安检是必要的。从前我也很厌恶安检，也曾讥其为旧时淫秽戏《十八摸》。但是，仔细想想，地方大，人多，来源复杂，不出事儿则罢，出了事儿就不会小。还是多担待配合吧。就是希望，如果安检的工作人员能放弃那种权力在手的傲慢和错觉优越感，调整视乘客如犬豚那种招打的神态，改为服务性质的安检就更好了。

第三，进入车厢，别身心懒散地放松下来，那是公共空间，你所占用的，随时都有调整的必要。别一进门就像入定或是立地圆寂了一样，怎么请都不挪动。这一点倒是要向台湾人、香港人学习，他们仿佛随时做好了向别人让路等准备一样，反应警觉而敏捷，有时候的反应都有些夸张，但让人观之欢喜非常，你感受到了他心中有他人、随时给他人方便的那种自觉。

第四，上下楼梯时，哪怕你再着急，除非你能保证自己一定跑在最前面，否则你要想到，有可能还有比你更急着办事的人。一旦发现这样的人，你应该侧身让他过去。给人以方便，让与人方便成为风气，你随时都能享受到这种风气的甜美。

第五，能不能尽可能留半边扶梯的通道，方便奔跑赶路的人急速通过？深圳机场每天都有乘客堵塞在平行的传送带上，好像全世界就剩下他们了，他们最重要，看着让人生气。

最后，温馨提醒：早上最好谨慎对人呼气，不论谁发出"呲""嗨""咦""呀"等种种不满之声，都是一股被窝味儿，个别还有口臭。再说你那么夸张地发声出气，是为了证明自己早餐吃的是油煎韭菜饺吗？

2015 年 8 月 7 日

旅游最好选择洋快餐

舆论将星巴克轰出故宫的时候，我是支持舆论的。毕竟星巴克的外形想起来与周围环境不协调。星巴克进入杭州灵隐寺，引起许多人的不安和反对，我不反对——不知道具体位置安在哪儿，想必寺规严格，无论如何，星巴克破坏不了灵隐寺的整体环境。我又欣赏杭州人做事的细致周到，一定会让花木掩映，将与中国式建筑不协调的地方合理地处理好。

我是不喜欢洋餐和洋快餐的，从来不知道咖啡好在哪儿，世界上有没有咖啡对我来说毫无影响。

我主张平常尽量不吃洋餐尤其是洋快餐，无论从营养还是口感，也相信这是垃圾食品。但是，到了中国的旅游景区，根据多次经验，我认为最好选择洋快餐，哪怕它是垃圾食品，也比本地餐饮无论从质量、卫生还是服务、价格等方面都要好。旅游，要的是兴致和心情，洋快餐尽管不能给用餐助兴、增加趣味，但绝不会倒胃口，不会败兴，不会让你生气。

中国无疑是美食大国，说是世界美食第一国，相信也不会有人有异议。但是，中国人最会糟蹋自己的美食，最不珍惜自己的品牌和口碑——去年暑假，到北京做长时间停留，住在前门大栅栏步行街附近，吃饭大部分到那一带选择。有个招牌广告咋咋呼呼的炸酱面馆，质量极其不堪：炸酱面咸得吃下去能让人立刻长翅膀变成蝙蝠；菜码儿粗糙，快赶上板凳腿儿粗的黄瓜丝也好意思叫黄瓜丝？就这样的质量，伙计的眼神、语气、声音、动作里有一种莫名其妙的倨傲和冷漠、不耐烦，好像谁去吃饭给他添了很多麻烦似的。到了一家有名的天津包子铺，忍受着伙计那种戒备加凌逼的眼神和语气，吃了世界上最贵但连面都揉不到位的包子，感到无地自容：实在太给首都旅游景区的餐饮业添麻烦了。两次沮丧后，再看到什么涮羊肉、烤鸭店，绝没有勇气走进去了。

与多话的北京出租车司机闲谈，被司机耻笑：谁让你到旅游景区吃饭了？活该！司机说出了许多人普遍的共识：旅游景区的饭不能吃。这个共识连我都从情感上接受不了，很气愤：这不是给旅游景区餐饮业抹黑搅局吗？

其实，这个共识还真不是冤枉景区餐饮——多年前的国庆节，我陪朋友游陕西临潼兵马俑，突然大雨，气温骤降，游人瑟瑟发抖，门口的餐饮摊位生意大好。

我亲眼见烤红薯的大铁桶边，那个卖烤红薯的妇女用手狠命地捏根本没烤熟的红薯，她是想将红薯捏软了当熟的赶紧卖，用力过猛，白汁都捏出来了。我看她恨不得自己钻到火里充当燃料去。她旁边一个卖面条、水饺的，一对情侣要买一碗汤面，卖面的把生面丢到锅里，锅不盖盖儿，水都没翻腾，他就捞起来，碗里扔一撮韭菜，倒点酱油就递过去了。那对情侣尝了一口说面没熟，卖面的就瞪眼骂人：你说啥？你再说一遍！(以下省略脏话)我在旁边一起避雨，见状，知道其人不善，就劝两位情侣算了。从此，我很少去临潼旅游，也陪外地朋友去过几次，但每次都自己带水，说好了，除门票外，不给临潼贡献一分钱。

上面关于临潼的，是我亲历亲见，我已经多次写有关旅游的文字举这两个例子了，今后还要举下去。现在情况怎么样了？我希望这些年临潼会有改善和进步，但现在有变得比以前好吗？(临潼的读者看到这儿，如生气，说明你知道好歹，有羞恶之心，有是非之感；如果怒而骂人，蛮横回护，正说明情况更糟了。)

这两个例子当然是极端了点儿。但是，其他景区，凡我去过的，都感觉参差不齐地存在相同的问题。旅游的团餐为什么一家比一家难吃？不难吃就不叫旅游团餐吗？

相比之下，洋快餐在景区，质量基本上与别处无两样。固然由于其标准化的制作，服务也比本地餐馆明显要好。

　　自来中国人做饮食，但凡将诚敬之心投入其中，没有做不好的，没有做不出美食的，没有服务不好的。旅游景区人流量大，餐饮需求量大，大了怎么了？大了就可以降低质量？量大就可以萝卜不洗泥？大就可以店大欺客？就可以恶劣服务？许多美食品牌就不该在旅游景区开，开了就应该与别处的质量保持一致，不应该为了那么点儿旅游收入自甘堕落，与卑琐者攀比谁更卑琐，将品牌的信誉透支出去。

　　旅游景区的人心之恶，尤以旅游从业者为甚，已是不争的事实。自古逐利之心使民德朴厚者，未之有也。在这样险恶的人心环境下，游客是客，却得不到半点客气，迎接你的每一双眼睛都是带钩子的弯刀。游人如潮，在逐利者看来，都是待宰之肉。

　　在这种情况下，吃饭，我一般选择洋快餐。上面说了，它垃圾，它无风情，它没趣味，它寡淡，它不像是吃饭，但是，它有保证，它不惹你生气，它不增加喜悦也不败坏兴致。

　　这算是我对出游的朋友的提醒。

　　如果惹景区的谁不高兴了，请将一腔怒火化作正能量，用在提高服务和产品质量上。尤其不要骂我是"汉奸"，这词儿不新鲜，我也不够格，我是"饭奸"。

2012 年 9 月 28 日

回首故乡

·

　　尚群定先生的《奉先漫话》一书，是我的案头常备书，跟《四书集注》《史记》等一起，放在触手可及的地方。这是纸上的家乡，每一次心动眼湿的阅读，都不能不让人"变色而作"——故乡蒲城，陈旧的历史画屏上，那些先贤、乡亲，随着页码的翻动，仿佛都活了过来，一个个向你投来温煦慈祥的目光，又仿佛他们就在那里等着你，等着你收拾起被浮生劬劳搅扰得纷乱如麻的心情，庄诚而安静地坐在跟前，听他们讲从前的人和事。每个人都笑吟吟地给你打开一扇后院的门，小径弯曲，荒草萋萋，走进去，蓦然间，乾坤宏阔，那是另外一个蒲城，从前的故乡。

　　大约近百年来，中国人的教育，由于对本国传统文化的信仰动摇与怀疑，因而放松和放弃了对本土历史的教育与承传，教育变成了一件不教本土历史、不亲近本土风俗，专注于眼光向外的事，仿佛所有的努力都是为了让每个人逃离各自的家乡。我将其称为"无土栽培"。这种"无土栽培"式的教育，使从前背井离乡这种人生的悲惨，变得似乎很风光，走得越远越好。中国人崇尚的狐死首丘、代马依风，似将成为无人破译的异代诡谲。所以，现在大部分中国人，尤其是中国的城市人，对自己的故土因为缺少体认而没有感情，凡人口吐大言，高谈阔论宇宙外空，却不识家乡水土草木；议论国内外大事头头是道，至操持家中日用伦常、遇婚冠庆寿祭祀，却手足无措如化外野人；至于为文，多荒诞粗鄙，虽有其心而多不得其径，五伦未明、六经生疏，其口说笔记，屡犯昔贤，误同往奸……总之，一个个惘然无所归却不知道毛病出在哪儿。

毛病首先就出在对本土历史的惘然无所知、无所亲，即没有培育良好的文化根底，先天根本严重缺失。《大学》云："其本乱而末治者，否矣！"

我本人当然也是这种教育的一个结果，我对家乡的认识，除了所经历的事情以外，几乎全部是大学毕业以后，见识了一些所谓外面精彩的世界，越见识却越感到文化先天缺失的窘迫，内心遂有了一种对家乡重新认识与亲近的渴求，这才慢慢地回头，小心翼翼地捡拾。每一次回首故园，都让人惊艳又羞惭，感动又惶惑；每一次回到故乡，闻到家乡的气味，我都能获得如希腊神话中的战士一样贴近母体才能获得的能量和安全感。这就是为什么我读尚群定先生的《奉先漫话》内心反应特别强烈，为什么先生的文字对我的影响特别大的原因。尚先生用文字将蒲城的历史记录在案，在当今人心崇利、斯文凋敝的时代，尤为珍贵。他搜寻爬梳、探求挽救了许多濒临消亡的往史故实，为故国保留国故，诚可谓名山事业，不唯造福我蒲城一县，也不独使现今的人能惊艳于从前的蒲城，它更大的意义还在于将来——我乐观地想象，仓廪丰实之后的蒲城，人们重新回归礼仪，重新尊重文化，崇尚良俗，那么，保留在尚先生文字中蒲城的古老文化基因，于后人复兴礼乐，无疑多有裨益。

文化的断裂与缺失让人痛心疾首——我在北京国子监的元、明、清三代进士题名石碑上，赫然看到"蒲城郭洁"这样的字眼，我孤陋寡闻，也查了很多资料，对这位蒲城籍的前朝进士一无所知。读历代关学人物志，蒲城籍的关学先贤如单元洲先生（明）、王茂麟先生（清）、刘伯容先生（清），姓名行状，其言其文，煌煌在焉，其所赋所著，皆为彼时传诵，道德文章，为关学中坚，而今天的蒲城人有几个知道他们？蒲城从前有数十座牌坊，旌表蒲城忠孝节烈，他们都是谁？有什么行迹功德？没有人能说清楚。而这些，有赖于如尚群定先生这样的有心人、有文化情怀和学养的人，去挖掘和搜寻。

前人云：国所依凭者，人才与风俗。圣贤的治国理想，被稀释转化为纯良的风俗，化育民众。历史经验反复证明"美法不如美俗"(钱穆《晚学盲言》),故曰"治隆于上,俗美于下",是为理想的治世。蒲城作为关中文渊之一,其人厚朴,其风醇善,即便历经凌夷,原有的文化像别处一样所剩无几,但幸天心一线,聊寄残阳,目前的风俗孑遗,也能让人依稀遵礼,找到汉唐乃至先秦的些许礼乐文化的踪影。倘若能悉心护持并加以增益,应该说是可以部分地恢复到那种葆养一方人心的厚美状态的。然而,近年来,我回乡所见,原来的风俗如文物遭破坏、如水土流失一样,正慢慢地被逐利之心所摧残,即所谓伤风败俗,似有不可挡之势。

自来风俗于人,屡屡有所变异,本不应以为怪,要有心有力者能及时移风易俗,使偏离者归于正,使荒疏者务谨敬;人心奢靡,则导之以俭素;世风浇薄,则崇之以隆厚。所谓移风易俗,自古以来,一有赖于为政者以律令规导、劝勉之;二有赖于有声望的士绅君子以身作则,引导、损益之。

然而,文心衰微,士风稀薄,人的胸襟和眼界变得狭窄,拜物求利,于这些事,皆视为无关紧要的闲事,至于一二循理好古者,或以为迂远拘腐。其所不知者,这正是大事中的大事。自古以来,人间大小事功,无不最终成于乐而化为文,才不至于磨灭于历史的烟云之中。

尚群定先生在这样的环境中,整理国故、记录往实，要在过去，这是令一县学人乃至庶民凡俗欢欣仰慕的事，而今天，他却注定享受不了这样的荣耀。

近年来，陕西各地屡有邀请我作讲座的，我给的大主题是："回首三秦泪不干"。在这个大主题下，谈我对故乡陕西的爱与怕，涉及文化、历史、艺术、人物、风土人情等等，所有的热爱与忧虑，感动与焦灼，无不让人珠泪暗抛。我读尚先生的文字，蒲城的前尘往事，历历在目，更加有"回首故乡泪不干"之感。

尚先生继《奉先漫话》后，又将自己所亲历的蒲城晚近人与事，忠实地考核记录，探幽发微，编成《重泉絮语》一书，是《奉先漫话》的衔接延续。这本书的作用与意义，如同上面所述，诚可谓名山事业也。

2014 年 4 月 25 日

那些万古不易的真理
——陕西俗话辑解

人错不成圣，马错不成龙。

言立身行事须万般谨慎，人要有希贤希圣之心，即上进心，不可放任堕落，自甘下流。

说出不算，做出便见。

与人交，不重口诺，重践行，看结果。

官不入民房，父不入媳房。

此官须是爱民如子之官，官不入民房，不扰民，民亦无事不履公门；公公不进儿媳妇的房间，有事听儿与媳禀报，不轻贱放低身份，又防嫌隙。

官打民不辱，父打子不羞。

此官须是爱民如子之官，责罚犯错细民愚氓，意在惩戒、教导之，非示辱也；父爱子，子有过，父责打，使其成长，用心仁爱，故子挨打不应记恨。

龙多了天旱，媳妇多了怕做饭。

人心自私，人多了，一个靠一个，不愿意干活，会偷懒。故儿子多，娶媳妇多，家长应当会管理、调教。

子孙不如我，要钱做什么？子孙胜过我，要钱做什么？

不用解释了吧？

四十不发，穷根扎下。

此古人"四十、五十而无闻焉，斯亦不足畏也已"之意。用张爱玲的话说："要成名呀，趁早。"这是对一般人而言的，鼓励万般事趁少年为，珍惜年华，勤苦砥砺，不要虚掷光阴，失去机会。也劝人安分，不要非分妄图。与大器晚成并不矛盾。

媳妇要好娘家转，伙计要好年年换。

媳妇在婆家受拘束，毕竟不如在娘家放松，所以时不时要让她回娘家待些日子，即"熬娘家"。盖人与事，久则弊见，继而生厌，彼此嫌隙，酿成怨怼。要给对方一个放松、整理的机会和空间。就跟人在一个地方待久了，要外出旅游，换换环境一样。伙计即雇工，时间长久则熟悉掌握商号的规律，容易成老油条，怠惰偷懒，所以要常换。如今，企业对员工进行培训，亦此意也。通过培训，使人更新。

天旱了刮风，人穷了造谎。

以天气比兴，人穷志短是常态；人穷志不短，非贤良不能为。当生存成了最低目标和最高目标，二者合而为一，人就会抛弃道德伦理，历史上遭遇荒旱、战乱，人相食的事，屡见于史书。

打的亲，骂的爱，不打不骂见的外。
不厮打不成弟兄。

劝亲人之间，不要因为日常生活的矛盾而疏远、记恨。人与人，只有有缘才有事，有事才有交流，有交流才有矛盾。要豁达，不要计较。

吃饭穿衣量家当。

量入为出，不要提前消费，不要为了面子购买自己的收入不能长久支撑的奢侈品。

吃不穷，穿不穷，打算不到一世穷。

过日子要会筹划，精打细算，保本增盈，不用身家去非分冒险。

蒸吃省，烙吃费，连锅下面才得对。

节省之意。蒸馒头，用发面，与烙饼相比，节省；擀面条连汤吃，更节省。

十件单，抵不住一件棉；十件夹，抵不住一牡拉。

冬天应穿棉衣。不要为了好看穿单衣，单衣再多也不如棉衣保暖；天气还不太冷的时候，穿夹衣，但夹衣再多，也不如一件薄薄的棉衣。牡拉：稀薄棉衣。

哥东弟西，老三出去。

此据陕西房屋朝南而言。弟兄多，分家，老大应得东边房屋，为尊；老二得西边房屋，为卑。又有所谓"长子不离老庄，次子不离马坊"，亦此意。至于三个以上的其他弟弟，要单独分出去另外盖房，开枝散叶。

骂人休揭短，打人休打脸。

骂人、打人，皆泄愤报复，应有底线，要照顾到对方的脸面和尊严。因为即便是打骂，看似冲突激烈，最终要回到讲道理的层面。人孰无过？过而能改，善莫大焉。但旧过如旧疮，若无底线，揭对方旧疮，不给对方留脸面，置对方于死地，则双方失去讲道理的底线，彼此变成无理性的仇恨和相互报复，必然两败俱伤。凡事，给对方留底线，就是给自己留空间。

轻车避重车，炭车避瓮车。

此旧时民间交通法规或伦理：路狭相遇，车与车、人与人，据此避让，若发生事故、产生矛盾，公议也据此讲判。轻避重易，反之则难——拉煤的车也很重，甚至比拉瓷瓮瓦缸的车还重，但是，拉煤车虽重，却相比拉瓮缸的车经得起一定程度的碰撞。引申开来，人当怜恤比自己弱的一方，不应抢占弱小者的机会，不应恃强欺弱。大不与小计较，上不与下计较，等等。

有千年邻家，无百年亲戚。

邻居应当和睦相处。亲戚虽是血缘，但因在别处，不如邻居急则可相依。加上亲戚有血缘伦理维系，即便有误会，也有机会消弭。或者一般中途有矛盾误会，彼此逐渐冷淡，很少有走动百年以上的。而邻居，则世代屋连基、地连畔，加上无血缘纽带维系，一旦发生矛盾，处理不好，相互伤害，影响彼此的日子。所以要加倍珍惜与邻居的关系。

亲不亲，财帛分。

人跟人的关系怎么样，一有财帛即经济上的往来，就看出来了。

人当贫时休追亲，因为追往贱了身。一样礼物都拿上，主人还有两般心。

亲戚讲究礼尚往来，人贫困时，要谨慎与富亲戚走动，因为有来必有往，而富人一般难免流露骄矜之色，贫者自己也容易敏感自卑，所以，贫者自然产生被人轻贱的感觉或错觉。若真遇到势利的富亲戚，你给他带上与别的亲戚同样的礼物，你感觉他看你的心态与看别的亲戚还是不一样。此处意在提醒人要自爱，勿曲意攀附富贵，珍惜尊严，只要尊严在，一家虽贫，也终会有振起的那一天；若不顾尊严，无耻攀附，沦为下贱，则永无振作之日。同时，富人也要据此理解贫者的心态，谅解他们的过敏和自卑，与贫者往来，更须讲究分寸尺度，不可大意轻慢，一切以礼数周全、保护对方的自尊心为要，避免由于疏忽使对方误解，造成伤害。此正所谓"富而好礼，贫而无谄"。

亲戚不共财，共财断往来。

亲戚由血缘之义维系，若财物交往，即落入利益计较层面。财货往来顺利，则皆大欢喜；而多数由于误会而滋生猜忌，由彼此猜忌而生嫌隙，由嫌隙而矛盾，甚至绝交。所以，非不让亲戚之间有财物交往，只是提醒须谨慎为上，任何时候要多考虑对方，庶几无差。如果伤害彼此感情，则宁愿无财物往来，即不共财。

蝗虫吃了田，少不了雇工的钱。

老板不能因为别的原因克扣或延迟发放雇员工钱，要知道雇员一人维系一家之生存，一经克扣短缺，则一家无食。所以，即便是天灾，也不能短少雇员的工钱。天下没有先保障老板的利益丝毫不损，再考虑员工的道理。

吃饭先喝汤，省得问单方。

看来吃饭前喝汤，并非只有广东人。先喝汤对身体有益，应当是经验之谈。

见人不见人，先看掺面盆。

旧时看某家人主妇是否能干、爱干净，看一下厨房就知道了，如厨房收拾得干净整洁与否、东西放得是否妥当，等等。若给儿女事先悄悄查看婚嫁的意向，就先看对方家庭的厨房，即可知这个家的生活质量与为人的修养。旧时家庭厨房是主妇主持，下得厨房是女子四德之妇功，今日虽不主张把妇女拴在厨房，一个合格的女人，不一定要会做饭（争取会做饭），但一定要知道要求和标准。

眼痒烂，疮痒散。

眼睛若发痒，不可大意，会有眼疾；疮愈合，必然发痒。

七岁八岁，猫狗见不得。

小儿七八岁，最淘气。

袼褙荞麦灌耳子糜，月里娃娃得下痿。

荞麦地土地板结硬如袼褙，糜子苗出如马耳，应用水及时浇灌；小孩子在月子期间，如果照管不好，得了胃病，不容易治疗，照顾婴儿，要格外小心，不可太饱，以免积食伤了胃。

小儿安，受饥寒。

小孩儿不宜吃得过饱、穿得过暖，否则易得病。许多孩子得病，都是由于家长溺爱，呵护过度，应让其受稍稍的饥饿和寒冷。

七十三，八十四，阎王爷叫你商量事。

孔子年寿七十三，孟子年寿八十四，以孔孟之年寿为标准，老年人至此岁数，儿女当格外照顾，不远游。家中必备现金等，以备不时之需。

三九三，冻破砖。四九五九，冻了锅里稀粥。

最寒冷之时。

早晨立了秋，晚上凉飕飕。

节气变化，人感觉明显。犹记得村中老人树下闲坐，不经意间，感叹节气变化，念此一句，顿觉秋意自天边而来，其声音意味，为任何声音艺术家所不及。

七九八九，阳坡里看绿。

向阳地面，草木先萌，绿意莹莹。

二八月，乱穿衣。十一月，穿齐备。

二八月，一日之内，天气无常，个人根据自己的身体状况，穿衣各异。至十一月，天气寒冷，一律穿棉衣，无差别。

过了五豆，长一斧头。过了腊八，长一权把。过了年，长一椽。过了十五，长得没摸儿。

言岁时：腊月初五，食五种豆子做的饭，称五豆。过了腊月初五，白昼稍长；过了腊八节，白昼就更长一些；过年春节后，白昼又长；过了正月十五元宵节，白昼长得就没感觉了。

十月天，碗里转，好婆娘做不下三顿饭。

白昼时间最短，白天还没怎么做事，天就黑了。同时提醒，做事要麻利，稍微一拖延，就耽误了。

年怕中秋月怕半，日头怕的晌午端。

一年到中秋，如一月到月中、一日到正午，剩下的时间就感觉过得特别快。所谓流年似水，光阴如箭。人亦如此，少小只觉时尚早，流水年华春去渺，等到年过四十，以后的时间就感觉过得非常快。笔者刚大学毕业时在电台当文学节目编辑，那一年请张家声先生录制节目，间隙与张先生聊天，先生说："时间过得真快啊！我常常半夜突然醒来，心惊肉跳：唉呀！我都五十二了！我都五十二了！"至今先生的声音犹在耳边，可是，二十多年倏地一下过去了。那一年跟王子武先生聊天，先生年过花甲，我说他退休后仍能有大把时间专心创作，先生幽幽地用陕西话说："六十岁以后的时间再多，恐怕也不能和六十岁之前相比，毕竟人的身体各方面，嗯……"转眼，先生已经八十高龄。想起古人的两句话：从古诗惟天籁好，万般事让少年为。

2017 年春节闲居小札

威胁中医的不是中药

新闻：2016 年 12 月 6 日，在国务院新闻办举行的《中国的中医药》白皮书发布会上，有记者就"中医有可能毁在中药上"这一说法向国家卫生和计生委副主任、国家中医药管理局局长王国强求证。王国强回答："这句话确实不是危言耸听！"在我国中医药事业进入新的历史发展时期之际，亟须破解中药面临的质量和资源困境，绝不能让中医亡于中药。

其实，中药不可能毁中医，毁灭中医的，只有一个：人心。人心坏了，就什么都坏了。人心若好，他所担忧的什么以次充好、以假乱真等都不会存在。

什么叫人心坏了？就是没良心了、良心坏了。良心坏了，人就会唯利是图，相互伤害以求利而无丝毫羞耻惭愧感。

自古以来，包括当今一些发达国家，医院是让人发财的地方吗？以利益思维、经济思维、产业思维办医院，能办好吗？

俗话说："十个劫道的，不如一个倒药的。"意思是医药赚钱容易。可是，自古以来，没见哪位医生和医馆是大发财的，或者说尽管有发财的，但社会舆论、世道人心和公众的价值传播，却不以此标榜、炫耀、夸示。只有今天才有。

人于患病之时，心理必然处于弱势，而威胁以死亡、强迫以昂贵，多闻言惊恐，必唯唯诺诺，这时候利用病人发财，就是乘人之危。乘人之危而发财，非止不义，实为神奸巨蠹，天人共愤共讨尤为不足。可是，我们的一些医院就是越来越这样办了。有些医院已经被邪佞的医疗骗子们绑架裹挟以至沆瀣一气，狼狈为奸，害国害民。而人心大坏的表现之一，就是虽不是亲自作恶，却除恶不尽，心怀侥幸，事不关己则不作声，对奸邪毒恶暧昧偏袒，容之任之，见义不为。

可以说，人心之坏，世风日下，于医院观察，最为真实。

人心坏，不是说医护人员的心坏了，而是文化坏了、风气坏了，所有人的心就都坏了。人心坏了，问题就会坏在人的各种关系中。

因此，上述所谓"绝不能让中医亡于中药"的话，尽管铿锵有力，却没抓住要害，犹如说，我绝不能让嗓子疼，却不知道嗓子疼的病根是上火了，光嚷嚷不让嗓子疼有什么用！

近年来，凡医生朋友请我写东西，我多写老家县志中一副对联："药香犹有书香味，医道能无儒道风。"意思浅近而意味隽永，不难理解和欣赏。药里有学问，药之学问，尽在史籍。而药石以疗疾，诗书可医愚，道理相同。医生郎中，若无救世济民的儒者胸襟，恃医术以求财者，利令智昏，则其身心聪明必未全开，医道必然浅陋。医者，仁心仁术，方为正大胸襟，造福国家民众。所以，前代读书人，有"不为良相则为良医"的宏愿，都是救世济民的胸怀，非苟且求利、不择手段乘人之危之辈所能理解。

有关医道和中华医生的道德伦理，千古之下，无如药王孙思邈的话至为切当："凡大医治病，必当安神定志，无欲无求，先发大慈恻隐之心，誓愿普救含灵之苦。若有疾厄来求救者，不得问其贵贱贫富，长幼妍媸，怨亲善友，华夷愚智，普同一等，皆如至亲之想，亦不得瞻前顾后，自虑吉凶，护惜身命。见彼苦恼，若己有之，深心凄怆，勿避险巇、昼夜、寒暑、饥渴、疲劳，一心赴救，无作功夫形迹之心。如此可为苍生大医，反此则是含灵巨贼。"（孙思邈《大医精诚》）

药王此言，堪称医药圣经，每一位医药界人士，当熟诵于口而默记于心，付诸行为。

人心崇利，自古而然，于今实烈，如此，必然太过计较，无远见，很难达到"上医医未病"的共识。

有些尴尬，却是眼睁睁没办法的事儿：前不久的"艾滋病日"那天，与一位疾病预防控制专家朋友聊天，我说应该把重点放在疾病预防和控制上。他说，防病要花钱，却不见成绩，而治病花钱，显见成绩，花钱花得谁也没意见，所以，从体制到人心，都愿意看见花钱治病，而不愿意花钱防病。

这不就是千古尴尬吗？古时，某人家的烟囱是直的，灶旁又积有大堆干柴，客人建议说：他家的烟囱太直，灶旁又有干柴，趁早将干柴移走，把烟囱改成弯曲的，以免火灾。主人不听。不久，果然发生火灾，邻居们纷纷帮忙救火，终将火扑灭，但个个被烧得焦头烂额。主人设酒款待，那些被烧得焦头烂额的邻居应邀坐在上席，接受主人的盛情感谢，而无人记得曾经好心提醒主人的那个客人。此正所谓："曲突徙薪无恩泽，焦头烂额为上客。"

现在的医疗管理体制不就是这样吗？"绝不能让中医亡于中药"这样掷地有声的话，很对，也不少了，关键是看你怎么做。而人心坏了，不好做。所以说，威胁中医的不是中药，是人心。

2016 年 12 月 7 日

贰

为什么艺术家还不如工匠？

给古圣先贤塑像，自古以来是有法则可遵循的，不需要你创造，也不需要你创作，因为你的学识、智慧、悟性、修养，尤其是德行，到不了制定这种标准的历代前辈古人的高度。何况，你还没有一般工匠的单纯朴实之心，所以，就不要自作聪明，非要抛开前人的标准及法则，自己乱搞，把所有胡闹当作个性和创造，当作你个人的理解。你个人的理解对你来说是真实的，但往往也可能是浅薄的、离经叛道的，甚至是荒谬狂悖的。

苏州工业园区竖立了一座老子雕像，形象猥琐卑陋不说，还张嘴吐舌，像个吊死鬼。据我所见，网上没一个人说好看的，但是苏州工业园区即主办方非要说好，我在网上参与议论了一句，立即招来苏州工业园区官方微博的殷勤回应，反复教育我，认为经过他们的解释和劝说，我会改变对这尊雕像的认识——

我看到 @南方人物周刊 发微博称：这不是吊死鬼，

而是老子——继裸女座椅雕塑后，苏州金鸡湖畔的老子雕塑再引热议：老子眼睛紧闭，舌头伸出，露出一个大门牙，做出"龇牙吐舌"的怪状。创作者称，创意来源于老子向孔子诠释刚柔之道的故事，岁月流逝，刚的齿脱落而柔的舌头仍在，诠释了老子思想的核心。

我只是转了一下这条微博，就招来了@苏州工业园区发布 郑重其事的回复，内容如下：网友，您好，感谢您对园区公共文化设施的关注。您所提到的《刚柔之道——老子像》是著名雕塑艺术家田世信先生所创，于2012年经著名文化人王中军先生捐赠后在金鸡湖畔展出。这件雕塑是想通过"老子"来告诉我们老子思想的核心是"道法自然""无为而治"。

这是什么回复？田世信又怎么了？王中军又怎么了？他们能说明什么？我一点也无法从这副吊死鬼形象上看出什么"道法自然""无为而治"。于是回复说：田世信不懂老子，更不懂给古圣先贤塑像有一个标准。至于什么标准，我就不告诉你们了。

随即，我又单独发微博 @苏州工业园区发布 辩解说，吊死鬼老子像是老子用牙齿和舌头表达刚柔云云。有这么弱智的表现吗？那谁说了一句"道在屎溺"，你怎么表现？让他当众拉屎撒尿？——这是什么没文化的雕塑家呀？吃一斗，拉十升，一点都不经过消化和吸收。

@苏州工业园区发布 对此又回复笔者：孔子向老

子请教何为"刚柔之道",老子吐舌露牙,以唇齿比拟刚柔。这种比拟,是一种追求,更是一种警示。关于作品的由来及美学寓意,我们现已着手制作标注牌,以便大众能够更深层次地理解。再次感谢您的关注,也希望上述简单介绍能够让您对《老子像》有所改观。谢谢!苏州文化博览中心。

对此,我又回复他们:你们有一种代表思维,以为自己被感动了,就代表别人也被感动了。还要制作标牌?这正说明雕塑是不靠谱的,是说明不了问题的,还需要标牌解释。

对方再没有出来解释。后来我发现这个官方微博并不是针对我一个人这么解释的,而是他发现谁在评论这个吊死鬼雕像,就都拿这几句固定的说辞出来抵挡两下,完事儿。就是说,编好了词儿,让人或者机器操作而已。

最后,我单独发了一条,算是给所有已经或企图给古圣先贤塑像的人说明塑像应该遵循的法则,内容为:给古圣先贤塑像,不是塑形象,而是塑法相。

这就不用多做解释了吧?

以此观之,不仅这个吊死鬼形象不符合老子,想起先前有个人塑了一尊巨大的孔子像,大是大,但是猥琐粗糙,把孔圣人塑得像个过去卖糖葫芦的穷老汉,不知道为什么刚刚从澡堂子出来,身上披了块大浴巾似的,这当然不是孔子。

上面说了，给古圣先贤塑像，不需要你创造、创作，不需要你有什么特别的、个性的理解和诠释，遵循千古既有的法则就是个很高的要求。你别不愿意，"遵循"两个字还不容易做到呢。一般普通人容易做到，艺术家不容易，越自认为大的艺术家越不容易，干扰太多。您要认为自己是大雕塑家、大艺术家什么的，凡是经您的手，就非要创造出您个人的艺术特色，您就别干这个活儿了，不适合您，否则，不但委屈了您自己，还亵渎了圣贤。这其实是一般的工匠就可以胜任的活儿，他们心地单纯朴实，没有任何非分的奢望，也不贪求自己能创造个啥，就知道按照一个标准把活儿干好，自己手里的活儿能追得上师父，跟师父教的一样一样的就行了。工匠的确没有大艺术家、大雕塑家有文化，但是，有文化就接近真理吗？不一定——工匠们没有非分的企图，就没有什么个人想法和企图掺和进去，自然就做到了遵循——工匠们默默无闻，"虽曰未学，吾必谓之学矣"（《论语·学而》），他们手下的活儿，就是无为而治嘛。

2012 年 12 月 23 日

漫闻花儿断续长

——罗烈杰《云游的影子》读后

历来记游文字，无非两种，一曰专业游记，如谢灵运、徐霞客之流，类似今天的职业旅行家。有的虽非职业，但有专门记游某一地一景的文字，也算是纯粹旅游的记游文字，这类文字可谓多矣，如王安石之《游褒禅山记》，或如现代人的《雨中登泰山》之类。以上这类文字其实读起来并不轻松，因为太专注，如果对文中所写的景致风物没有一点接受的基础，读起来有点硬往脑子里灌注的意思。

我个人的阅读兴趣，更喜欢另一类记游文字，即在文字中顺带着记录所见所闻，于平常记叙中，常常跳出令人惊喜的内容，没有专注于精细描绘，却吸引人读进去。

这类文字如《契丹国志》所录经后人连缀而成的《晋出帝北迁记》，以及后晋胡峤的《陷辽记》、北宋路振的《乘轺录》、王曾的《上契丹事》、沈括的《熙宁使契丹图抄》、王寂的《鸭江行部志》、《许亢宗行程录》、张德辉《岭北纪行》等。这类文字目的不在于记游，即作者不是专门去旅游，所记内容，皆为公余之暇所见所闻，间或有所思所论，读之让人有诸多联想，读起来轻松随意，时而自然将头脑中所储存的其他信息与其相互比照、参考，总是有意外的收获。

如沈括出使契丹，明明有直路可通幽州，"甚径易"，而"房常秘不欲汉使知"（《许亢宗行程录》）。虽然经过了"澶渊之盟"，宋辽百余年无战事，但是，契丹仍然警惕性很高，连每年朝贺的宋使都不让他们走近路，故意示意路途艰险。而《许亢宗行程录》，记录金灭辽以后，宋朝派许亢宗去金国祝贺金新主登基，许亢宗一路所见所闻，颇有意思，即如上契丹有防御意识而言，许亢宗切身经历，发现五代至宋，中原被侵扰的祸患，从防御上来看，皆因后晋石敬瑭将燕云十六州割让给契丹所致。原本契丹与中原之间，以山地阻隔，"天设此，以限华夷"（《许亢宗行程录》），其间的通道，只有五个关口，根据当时的军事条件，此五个关口原本掌握在中原政权手里，夷狄有此天然障碍，进犯的难度很大。但是，自从石敬瑭割地以后，契丹以及后来的金、元，侵犯中原，犹如当年的安禄山一样，很快就打过华北平原，到黄河边上了。至于所到之地的风土人情，则更加有意思。比如，记录后来已经完全融入契丹或女真的奚人的生活，契丹人虽然凶悍，但是遇到一个叫蔑劫子的部落却很害怕，五个契丹骑兵遇到一个蓑劫子，"皆散走"。还有记录两种文化冲突的——金主派中使到半路接待宋使，宴会已毕，宋使写表答谢，文中有"只造邻邦"句，金中使读了，觉得这句不妥："使人轻我大金国，《论语》云'蛮貊之邦'，表辞不当用'邦'字。"请求重新写。许亢宗"正色而言曰：《书》谓'协和万邦''克勤于邦'，《诗》谓'周虽旧邦'，《论语》谓'至于他邦''问人于他邦''善人为邦''一言兴邦'，此皆为'邦'，而中使何独只诵此一句以相问也？表不可换，须到阙下，当与曾读书人理会，中使无多言！"许亢宗辞色凛然，竟然让中使无言对答，而"虏人颇壮之"（《许亢宗行程录》），金国人对他不敢轻视。

这样的文字，相互参照地阅读，作者记录详细，文笔信实而随意，并不特别注重谋篇布局，而行云流水，乃是最好的布局。

我读罗烈杰先生《云游的影子》，就想起了以上那些前辈古人类似的文字。

罗著曰"云游"、曰"影子"，皆言其不经意、不专注于旅行，而是公余之暇，眼观耳闻，又勤快地诉诸笔端、记录于镜头的印象和图像。与前面所述前人之记行文字，很类似。虽说今日资讯发达，阻隔绝不似古人那么多，但是，作者所见，仍然有许多令人读之眼前一亮的收获：

如《非常新加坡》一文，记录新加坡对公务员的管理和约束，给人颇多启发；《牧女巴黎塔》，记录巴黎铁塔从诞生时遭非议的过程，尤其是莫泊桑对铁塔的态度，文字不多，但让人感受到一种文化人共同的坚持和执拗；《印度洋钥匙》，记录华人在毛里求斯的生存与发展，佛教在此地的影响等，都令我读后有所遐想；读《滑过时空》，才知道迪拜的一些奢侈设施和建筑是中国人的点子，中国人在帮闲方面有的是无穷无尽的奇技淫巧；读诸如对摩纳哥等国的记录，发现这些以赌博为业的国家，却严禁本国人涉足赌场……

我不知道见多识广的人读这些文字的感受，对我这个到的地方极少、孤陋寡闻的人来说，读这些文字，犹如少年时拿到一本笔记本，上面有彩色插图一样，图文所呈现的景象，很让人神往，又颇有启发。

明朝人高洪在西北为官，有诗："轻鞭一挥芳径去，漫闻花儿断续长。"作者公干，视察农田，劝人不误农时，他看到田野乡村，农人各忙各的，还不时唱歌（"花儿"）互答。他作为地方官，看到此情景，写下了《古鄯行吟》一组诗。如果说这作为向明朝皇帝的工作汇报，我认为是非常恰当的。因为这些诗句，很能说明许多问题。

这类记游文字，就像"轻鞭一挥芳径去，漫闻花儿断续长"，我认为有条件外出的人应该有意识地效仿。

从前的读书人，外出公干，要么有所吟咏，要么有所记录，成为重要的文献。今日这样的人少了。太便捷的记录方式和传播方式让人变得浅躁，我仍然建议人有意识地回归到文字记录上来，而以图片辅助之，就如同这本《云游的影子》。

2015 年 3 月 23 日

只有艺术能修复人性的缺损

影视演员曹海军，从前是东北某市的一名法官，他跟我讲过一件事，我当时就用简短的文字记录下来，原文如下：

"曹兄昔年在东北为法官，拟判杀人案——村人某佣工外地，其妻居家不安分，好吃懒做，罔顾老小，每日沉溺麻将，抽烟骂人。夫一日自外归，见家中凌乱，老小饥寒孑立，遂寻妇于村中别家，其妇与人麻将正酣，且见桌下，妇与邻座男子足勾腿缠，目挑唇引，淫佚暧昧。陡见亲夫，妇羞怒而起，拍案覆桌大骂，恶语侵凌。夫忍气返家，见老小枵腹，遂自为炊。饭熟，妇归，犹怒，喧嚣摔打，毁物辱骂，语侵老小。夫强忍气，邀妇吃饭，妇遽至灶间，举锅并饭掼于地，一家遂不得食。夫怒而举菜刀杀妻。

"曹主审其案，侦审词具，拟判，汇报审委会，口述案情，词气慷慨，至妇之恶状，言语激昂愤勃，闻者咸恶之；至人犯事，则语兼同情，略有怜悯意。遂判十三年。

"曹曰：言语词气可动人，法官抑扬顿挫毫厘之差，人犯性命刑期千里之迥！圣人云：必也使无讼乎。掌刑狱者，须先有良心。良心所至，必察微得情，公允不远矣。"

曹海军真是那种做什么像什么的灵性人，他当演员，半路出家，却像是个实力派的老演员，而且比许多科班出身的资深演员少了行气和习气。平常与曹海军聊天，他谈吐行止有度，对问题的见解也常给人启发，我看比现在跟他年龄不相上下的许多偶像级名人大腕儿，都高出不知道多少。

灵性人，从事艺术就有了天赋。反过来，艺术会更加让他有灵性。这样的人，任法官司法，良心所在，必然能曲尽其情，即做到古人说的"忠恕之道"。

一日，明成祖朱棣到承天门录囚——皇帝和各级官吏定期或不定期巡视监狱，对在押犯的情况进行审录，以防止冤狱和淹狱，监督监狱管理的执行司法制度。录囚制是中国古代监狱史和司法制度史上的一项重要制度，又称虑囚，有类似重新过滤的意思，这个行为意在向全国司法者表示：朝廷对囚犯很重视，不要轻易判决，决不能枉法判决。

朱棣对许多案件进行了重新审理，还担心有被冤枉的。他把锦衣卫的负责人叫来，说：囚犯在监狱里关押得太久了，身心无念，"虽枉不求辩"，人的正常心理嘛，在监狱这种地方时间久了，便不抱希望，心死了，以为常态。现在又是皇帝亲自审问，更不敢说话了。这样吧，你们慢慢地观察，等他们情绪和精神正常了，好好审问，"果尚有冤，即来白"。

朱棣这就是用足了"忠恕之道"。

精通法律又能严格遵守，固然是司法者的忠道，但很可能不通人情，成为法律技术者，则判决结果虽不算不公，却也很可能达不到息讼平怨的理想效果，使法律失去作为法律的社会意义。

所以，司法者，非仁者不能承担。仁者，情感丰富、性情正常、心怀良善，一定具备"忠恕之道"，故忠与恕，不可缺失其一。

现实社会，司法者权柄在手，常常会久而生弊，枉法屈决屡见不鲜。而现在大学法律教育，逐渐成为与综合人文教育割裂的学科，多数只教授法律技术。这是很可怕的，很容易造成罔顾人间"恕道"。

能使大学的法律教育重新回归综合人文学习的方法固然有很多，但艺术教育是重要的途径，所谓"兴于诗，立于礼，成于乐"（《论语·泰伯》）。比如，戏曲舞台上的伍子胥，为天下人葆养着一股情感真挚的雄壮之气和男儿血性，这股气，这血性，超越了失血的概念化的是非尺度，"我对天发下宏誓愿：不杀平王我的心怎甘！"

——在那凄楚激烈的唱腔中，被拯救的，是利益时代时刻被剥蚀腐朽的人性、人情；被点燃的，是日渐凉薄的人心。

2015 年 8 月 6 日

谁说善人无好报

——王子武与文徵明

王子武先生居深圳三十年，深居简出，尤其近十多年几乎息交绝游，不轻易与人交接来往。

书画家平生遭遇的算计与骚扰不胜枚举，先生亦莫能外。坊间流传先生逸事，比如：某官员将离深任职别处，将启行，思忖对深圳别无念想，唯希望得到一幅王子武先生的画。手下不敢怠慢，即拜访王先生，求先生赠画。先生语调平静地说："我从来就不认识人家某某某嘛，送画是疯了吗？"办事者闻言大窘，旋即改口：那就请先生卖一幅画吧。王先生依然面色平静，用他那陕西老农一样诚恳的语气说："我就不卖画么。"终究事儿没办成。

我向王先生求证此事，先生笑而不答。其定力如此。

又：某年正值盛夏，先生居六楼，无电梯。忽有人叩门，先生开门，见一中年男子，满头大汗，浃背皆湿，扛着一摞宣纸，呼哧带喘地隔着防盗门说："王老师，我是安徽一宣纸厂的，厂子倒闭了，我下岗了，工厂用宣纸抵工资，我给您送几刀来……"

先生开门，让来人将宣纸放下。来人嗫嚅道："我能不能请老师送我一幅画，回去好救我们的厂……"

先生走到书房，取一幅画赠送。

隔月余，其人又扛宣纸来。故伎重演，先生又赠画。

我问："您怎么上两回当！您看不出这是骗术？全国书画名家很多人都遇到过，还有送毛笔的……"

不等我问完，先生目光炯炯，边笑边口齿清晰地、慢慢腾腾地说："乌号（音）事儿……这么热的天，你咋不弄？都是没办法么……"

"乌号（音）事儿……"翻译成普通话，意思就是：我能看不出这是骗术？天气如此之热，人能扛着那么重的宣纸走上六楼，这当然不是多么体面堂皇的行为，可是，不逼到没办法，人不会做如此让人看不起的事儿。

先生从不给人鉴定书画，此深圳熟悉王先生者，尽人皆知。

这让我想起明代的书画大家文徵明。

文徵明致仕，居苏州。来往官员文士求其书画者，如过江之鲫。可是，文先生"于辞受界限甚严"，给谁不给谁，跟谁来往不跟谁来往，非常严格。有人常见文徵明送书画给邻里的平头百姓，百姓用一条鱼、两把鸡头米、几块糯米糕等小吃，就能从文徵明处换得书画，此所谓"以饼饵得之"。而当时明朝的世袭藩王唐王朱弥𬭚，让人拿着数笏黄金专程到苏州求文徵明作画，文徵明竟然"坚拒不纳"，连来的办事人员见都不见，唐王写给他的书信他都不打开看，办事人员在苏州"逡巡数日而去"，终究事儿没办成。

其实，这个唐王为人的名声非常好，曾经在弘治中上疏言："朝廷待亲藩，生爵殁谥，亲亲至矣。间有恶未败闻，殁获美谥，是使善者怠，恶者肆也。自今宜勘实，用寓彰瘅。"主动要求朝廷对宗亲严格管理。明武宗喜游幸，朱弥𬭚作《忧国诗》劝谏，且上疏请皇帝"用贤图治"，不要寻欢作乐，荒废国事。

兵部尚书聂豹，为人当官做学问都非常好。有朋友路过苏州，聂尚书让人给文徵明带去书信，卑词温语问安，最后请文先生给他作一幅画。文徵明对来人发脾气，这个聂豹，以前从来没向他要过画，现在当了兵部尚书便来要画，不理他！受聂豹委托的朋友看文先生不高兴，过了几天又转而委托与文徵明关系非常好的另一个人去求文徵明，那朋友连连摆手："此老，我不惹他！"

权相严嵩私下对人抱怨文徵明："文徵明这个人什么都好，就是不会做人。我以堂堂内阁首辅（宰相）的身份到苏州公干的时候，专程登门拜访他，他竟然都不回访！我听说谁拜访他他都不回访，但也该回访一下我嘛。"官员顾东桥给严嵩解围："阁老，您别生气，这才是文徵明嘛，若不回访别人只回访您，那还是他吗？"

文徵明最有意思的是，别人拿着仿冒他的字画去请他鉴定，很多人都能看出是赝品，他却一律说："此真迹也！"人家请他在假字画上面题字，他也不拒绝。有人问他："明明是假的，您怎么也说是真的？"文徵明说：那些能买得起字画的人家，都是有余钱的富裕之家，而这些卖字画的，或许穷得全家就靠它来买米了。他一说假的，这家人兴许就挨饿了，"我欲取一时之名，而使人举家受困，我何忍也。"

文徵明活到九十岁时仍然思维敏捷、身体强健，举止顾盼如少壮人，就是因为心态好，人善良。他在给别人作墓志铭时突然投笔而逝，丝毫没受罪。人们称赞他的死亡质量高，与道家所追求的尸解一样。

谁说善人无好报？

2015 年 8 月 2 日

用争论的时间去读经吧

两条新闻，一条是：教育部明年继续加大对高校学习中华传统文化的力度，计划在许多高校招收国学班，同时逐步将书法等列入必修课程。另一条是：复旦大学儒学院成立，探索"儒学现代化"之路。

两条都是好消息。

只是，儒学要什么现代化？儒学不是一直很现代吗？

其实，大学开展专业国学教育，在深圳大学文学院早就实行了，每年从已经入学的本科生中进行二次招收，编入国学班，进行四年系统的国学学习，这是章必功老校长和景海峰院长的做法，收效非常好。

十多年前，我就开始私下对人说：赶紧读传统的书，别到时候来不及。

什么时候来不及？就是等教育部看到全国具备了一定的师资力量，就会在体制内教育中全面开展国学教育。现在之所以不大规模提倡，不制度性地大规模推广，甚至都不在一定范围内试点，是因为目前的国学师资不是力量薄弱的问题，是稀缺得令人稍微一了解就心惊肉跳的尴尬和危险。

教育部在进步，这是事实。

但是，一般人总是感觉教育部对民间有关教育改革的良策是傲慢的、麻木的，甚至是拒绝的。其实，教育部在等待，还不是不作为地等待，而是在缓慢地、试探性地局部试验，等待条件的成熟。经过了近十年的各种调试和探索，教育部对国学教育的理念和态度逐渐明朗，但还未到全面推进的时候，即通常说的"条件还未成熟"，甚至政策也会有想象中的反复。现在民间对国学教育越是理解深透到位的人，对教育部的慢慢腾腾、含含糊糊越是不耐烦，甚至愤怒。那些自身国学修养较好的人，对此焦虑甚至愤怒：怎么自己的春天还没有到？别急，慢慢来，你个人的春天是舒适的温室，许多人的春天才能形成气候。欲速则不达，不是借口。

"吾未见好德如好色者也"（《论语·子罕》），学习本来就是艰苦的事情，也不容易见效。不如娱乐项目那么热闹、动静大，因此，有些方面扶持读书的力度，永远不如对娱乐的投入。

三年前，由深圳市委宣传部、深圳市阅读联合会和罗湖区委宣传部（文明办）等主办，深圳市杂文学会承办的国学公益项目"说文解字·中华经典古诗文公益课堂"启动，主办方代表说："今天我们已经感受到国学学习和国学教育环境得到了很好的改善，这应该得益于近数十年来，用各种方式顽强地志在复兴中华传统文化的人们，他们自身也许参差不齐，有的甚至毛病很多，有纯学问的，也有商业的，他们各自的方法在实验中也有过各种各样的错误和失误，但是，这样经过了数十年的艰苦积累和营造，以上那些种种真心虔敬的传统文化信仰者和打着传统文化的旗号企图达到其他目的的，客观上都对传统文化学习氛围的营造，起到了各自的作用。"

现今，国学学习似乎热了，其实更多的是嘴上的热。真正的热，是行动上的热。有多少人，对传统的经义章句烂熟于心、口说笔写、纵横莫挡，却在生活行动中处处违背，做不出一点符合圣贤经义的事；有的玄谈宇宙外空，却于活着的传统民俗、自家的婚丧嫁娶都束手无策。

恢复传统文化，犹如在戈壁滩搞绿化，你不能指望一下子就能长出根深叶茂的参天良木——当然，要是能这样该多好啊！条件所限，通常只能先试图恢复一些抗旱性强的草，这些草多了，环境稍微改善，别的草也能生长；如此，渐渐地能长灌木丛，涵养土壤；再到能长稍大一些的杂木；最后，环境得到更好的改善，才能长高大俊伟的乔木。

对于在全国大范围恢复传统之学，起码要有在戈壁滩营造植被一样的耐心。一个人尽管对当下的国学环境不满意，但也应该有一些担待和忍耐。

不否认，学问有先后，资质有差别。这样的忍耐和担待，对于当今那些传统学问精深渊雅，甚至可以追比古人的饱学才智之士，是不公平的，有一种笼中鸟有翅难展的困顿。这就需要社会公众，从意识中对这些走在前面的人，有所爱护和关照。任何走在前的人，都有避免不了的高傲和狂狷，与当下时代有种种不适应与违和，因此，想要营造恢复传统之学的环境，就要营造对这些高傲和狂狷之士的理解和优容的社会心理和环境。首先做到心中有数，不至于骤然临之，产生不必要的争论或矛盾。

比如，近期有关王财贵式读经又产生了激烈的争论。王财贵先生的读经法，当然不应该是最臻于完美的方法，我理解为这是这个时代一定阶段不得已的方法。"小子，何莫学夫《诗》！"——孔子的理念在前，教育应该是涵养人的性情，即"兴于诗"。

但是，不是谁都有这样的条件和机缘去接受如此好的教育，你懂得了思想理念，也未必有条件去做。你有条件吃满汉全席，就不要嫌弃啃窝头就咸菜的人嘛；你酒足饭饱从酒店出来，打着饱嗝看见蹲在马路牙子上吃盒饭的民工，不要打翻他们的饭盒并训斥他们不懂美食，你应该庆幸他们还有盒饭吃。对于读经，你应该"尊贤而容众，嘉善而矜不能"（《论语·子张》）。

有网站、媒体采访我，问对当下的读经之争有什么看法，答复：用争论的时间去读经吧。

2016 年 9 月 4 日

言语之雅俗与人有关

——也说用方言读古诗词

看到一篇文章，说要用陕西话读唐诗读音及平仄才对，如用普通话读，则"驴唇不对马嘴"。略观其文，倒不全是哗众取宠吸引眼球的话，所言大致不谬，只是其文所选的唐诗，读音的确适合陕西话而已。这说明陕西话保存了许多古音，包括已经在北方方言里消失了的部分入声字。但却不能据此理解为陕西话至上。其实，让广东人用粤语、客家话读这些诗，一样的，比普通话更标准。

这是普通话先天的缺陷，当初制定普通话的专家们，大约没有考虑精准。所以，我们国家的文字语言多了一门学问，即普通话之外的方言之学。方言之中，饱含着民族文化的丰富历史信息和文化内容，不能轻易丢弃。现在推广普通话，其实应该是提倡说好普通话，说好方言。

这让我想起一个话题，外地方言，听谁的？有的方言的确在非该方言区的人听来不习惯，甚至"呕哑嘲哳难为听"。操不同方言的人群，彼此有相互对比后的善意取笑，也是数千年的习惯，不必介意，更不必恶意理解为地域歧视云云——从前的人不把这些当回事儿，现在你老盯着它，它不是事儿也是事儿。从前人群彼此有貌似蔑称，也是这个意思，人们不当回事儿，彼此在谅解和自嘲能接受的范围内。不像现在的人，过于敏感，你没歧视他都说你歧视，非要说你侮辱过他。还有这么争着戴受辱帽子的，你有什么办法！

我在广州读书、工作，生活了七年，曾经很抗拒粤语，后来接触到日常操粤语的一些老先生，如卢有光先生、吕君忾先生，觉得他们说的粤语好听又古雅，才知道先前所闻、抗拒，是抗拒那些说粤语的人，非关粤音。

我个人的体会，初接触任何方言，不能听市井下人的，不能根据他们的言语词气声调，判断该方言好不好听。一般市井下人的话，纵情放荡、无克制，故其特点明显突兀而易学，本地人听着解馋，所谓包含的乡味、乡愁亦浓厚。而高达之士口说方言，必自然克制含敛、朴拙厚重，而徐疾顿挫，有所法范。譬如我所熟悉的西安话，我经常收到好心的朋友给我音频或视频的链接，内容多是现在流行的西安方言乐队的作品，什么夸小吃的，什么十三狼、黑撒的、说唱的等等，皆市井下人之语，词气语调贫瘠无赖、狭邪轻佻，而今日之凡俗秦人却喜闻乐见，以为特色，称呼过瘾。我从来听不完，现在也不听。

其实，真正的西安话，如长安古乐团的团长张昭先生说的那样，大方朴实，自自然然，行云流水，才是雅言。

我是渭南人，说渭南即东府方言。我在渭南以外，一般不主动与人说陕西话（陕西话，我只会渭南话），哪怕对方是陕西渭南以外的人，人问其故，答曰："我们东府话狠笨重拙，跟你们对不上，咱们交流，不如用普通话。"

其实，可能是熟悉和情感的关系，我感觉东府农民说话那股劲儿、味道，重拙而文雅。这种重拙压得住，使人的言语不会轻易流于贫瘠。而有微信以来，用东府话配音的搞笑视频，则又故意耍贫瘠显泼悍，听着恶心。谁给我这种视频的链接，必然遭到我内心鄙视。

说市井下人的言语，戏曲舞台上也有。比如秦腔丑角，乃戏曲丑行一绝，戏曲界称为"秦丑"。秦丑台上言语，耍嘴皮子功夫，有意哗众诌下，却一点也不脏。不只是字句不脏，那劲头味道都不脏。到底唱戏是行礼乐、司高台教化之职。在戏曲的语境内，丑角任凭自由发挥，仍不逾规矩。近些年，有人为秦腔着急，说什么秦腔应该像二人转那样，也出现了一些操陕西方言的二人转式表演，也有人欢迎，但是，那就不是秦腔了。至于近年走红的这些陕西方言乐队、说唱等等，不仅其词句言语浑不吝，听他们的声音腔调，无一不让人感觉其眼睛仁儿发瓷、浑身臭汗馊馊的……但是，他们很受欢迎，许多陕西人，尤其是在外地工作生活的陕西人闻听，多大呼过瘾，似乎乡愁得以慰藉。这是很悲哀的，秦人在文化上的自觉走低、堕落，恐怕很长时间不能使其整体有所自省，就连我这篇避转腾挪不能尽情的闪烁之词也可能遭到斥骂。陕西人对待其方言的态度，很像对待秦腔的态度——我曾在一个有关秦腔的项目策划会上说，秦腔的根底，不是你们所说的什么吼叫嘶喊，虎啸猿啼、鸡鸣犬吠、狼嗥狮吼，各有其名称，秦腔就是唱，你们臆想的种种秦腔的生态场景，完全是新文艺的、张艺谋式的情景虚伪再现，不是秦腔真正的生态。秦腔的根底是关学。但是，我的话当时无人理解，我也就拒绝了担任这个有关秦腔项目的顾问。

2016 年 11 月 23 日

所谓文化，就是一碗腊八面

我是去年应邀到罗浮山观音古寺拍摄该寺制作腊八粥的，一碗粥，将信众凝聚在一起，饾饤饮食琐事，而神理设教，于此可见。

近年，每逢腊八节，借助现代传播工具，必然会普及腊八节来历及风俗起源，各种说法不一。我老家陕西关中，自清同治以后，各种寺庙毁坏严重，所以，我们那里没有腊八节寺庙舍粥的事儿，也就没有吃腊八粥的习惯。

似乎全国各地过腊八节吃腊八粥的多，而我的老家陕西关中农村，却是早上吃腊八面。关中农村至今仍是一日两餐：早上十点，第一餐，称早饭；下午两三点吃第二餐，称晌午饭。如果晚上非要吃，一般不成习惯，就是看身体需要，简单做点儿饭，称喝汤，不叫吃饭。一般是家里请了匠人做活、来客人等，需要喝汤，做饭也不叫做饭，叫烧汤，即不做干捞面之类，要烧米汤或稀汤面条。我觉得这个一日两餐制，晚餐不吃或所食极少，对身体有好处。

吾乡风俗，腊八节早饭吃腊八面——主妇们将过腊八节当成一件很重要的事，头几天就预备，头一天就准备了，当日早早起床，和面，醒面。家人还在梦乡，厨房里就慢慢飘出香味了。厨房窗户透出的灯光，朦胧而温暖，在寂静寒冷的农村，显得格外有人间的味道。

腊八面，面擀薄，切一把长，宽如韭叶，小米下锅煮成稀粥，再将面条下入粥，煮沸，调入用蒜苗、豆腐、粉条、杂菜等八样佐料炒成的葱花，也叫卤，再调盐、酱、醋等，想必从前木耳、香菇、黄花等都是稀罕物，现在则普遍了。做腊八面要做比平常的饭菜多得多的量，一般做满满一大铁锅。

热气腾腾的腊八面做好了，先盛一碗敬长辈老人。有的老人还没起床，儿媳妇就将一碗腊八面端到床头了。老人闻到面香，内心十分温暖，慢慢地起床洗漱，吃面。分家另过的儿子，会一早送腊八面给老人，看哪个儿子家送得最早，老人会非常欣慰。如果哪个儿子家没送腊八面，老人会生气，责怪这个儿媳妇太懒，把日子过得不像个日子。

就在全家吃腊八面的时候，邻居之间互相送腊八面，附近人家，各自相互送一大碗腊八面，尝尝味道，主妇们欢声笑语地交流，人来人往，十分热闹，人人脸上洋溢着那种文雅而多情的笑容，这使西北寒冷的冬天，显得非常温情，甚至让经历过的人回忆起来，感觉非那样的冬天不叫冬天，非那样的腊八节不叫腊八节。

腊八面虽是素面，但调和得非常浓香可口，人的胃口大开，做腊八面讲究用八样菜去配，吃也讲究一人能吃八碗！

人吃完，要给家畜槽里倒一碗，祈求牲畜来年健壮。也给鸡鸭们喂食一碗，通常母鸡入冬不下蛋，过了腊八即生蛋，俗语："吃了腊八面，大小鸡儿都下蛋"……

过腊八节，开始有年味儿了，吃腊八面，等于是过年前的总动员，关中人说：闻到年气了。

此风今犹存，然而，如同其他传统的风俗一样，稀薄了……现代人更爱自己，但不讲究了。农村的年轻媳妇们也学着城里人，成天低头看手机，上网，不怎么讲究做饭了。如今城里人追着吃柴火饭，乡下人却放着伸手可及的柴火不用，非要用电……风气变了。

今年的腊八节，正逢台湾地区选领导人。我在自建的国学群里，反复阻止群友：莫谈国事，勿议政治。鼓励他们做好一碗腊八面、腊八粥，过好每一个节日，在这个人心浇薄的时候，过节应尽量隆重，讲究繁琐，哪怕迂阔……

其实，政治就在一碗面、一碗粥中——你饮食起居、人来客往、日用伦常极讲究、礼仪周到、不苟且凑合，这样的性情、习惯养成了，推而广之，于家于国，谁敢对你苟且、凑合？

所以，我非常不屑当今所谓自诩国学学者，不在其位，却多热衷妄图做顶层设计，汲汲于揽大活儿，就像手里拎着菜刀，总想做满汉全席施展手艺，却连碗面都不会做，葱姜蒜都不会切。学者罔顾日用伦常，不从自身做起，进而家庭、进而宗族、进而邻里、进而乡党，改良人心土壤、优化人心环境、耐心施教化、厚风俗。成天手搭凉棚瞭高望远，非分操心，指点江山，却连给自家祖宗怎么烧纸祭祀都不会、不做、顾不上，连个节都不知道过得像样、讲究。有的甚至看不起这样充实于普通人的、装着满满人间温情和文化默契的一碗腊八面。

2016 年 1 月 18 日

我们拿到文化账号，却找不到密码了

我多次使用这个比喻：你拿到了文化的账号，却找不到密码。

我也多次引用欧阳修的话："欲问其事，而遗老尽矣。"（欧阳修《丰乐亭记》）

这两句话搁在一块儿，能让人生出无限的怅惘和无奈。

上周末，应邀参加一个古宅创意设计大赛专家论坛，论坛设在深圳著名的客家围屋"大万世居"的中庭。

轮到我发言，我说：咱们讲保护、利用客家围屋这个遗产、文物，"利用"两个字很好，是啊，关键是要有利，没有利，在当今任何事都做不成，也做不长久。那么利在哪儿？孔子说："言寡尤，行寡悔，禄在其中矣。"怎么才能言寡尤、行寡悔？此刻坐在这里，我感到很恐惧，为什么？大家看看，论坛主席台的前方通道两边，左右有两尊塑像，左边是宗圣曾子，右边是大万世居的开基祖曾公，一圣一贤两尊塑像分立两旁。那么，我要问，他们两位圣贤待的这个地方对吗？这个地方是下位！如果此刻主席台是皇帝的宝座，他们两位圣贤站立的就是臣下和侍卫的地方；如果主席台是坟墓，他们两位圣贤待的地方就是石像生①，也就是翁仲待的地方……

看大家的表情，尴尬吗？当然！我丝毫不怀疑塑像的单位和主事者，他们心中对两位圣贤的尊仰跟大家一样诚敬。可是，如此诚敬的用心，怎么把两位圣贤放错了地方？这就是言多尤而行多悔。靠这个错误，是不能利用好这个不可复制的、宝贵的文化遗产和文物的。

不仅仅是大万世居，我的母校中山大学算是有文化吧？香港富商姚美良先生捐建了一座大楼，据说选址造型都很讲究，可是，大楼高高的台阶下面，道路两侧是两排青铜塑像，塑的是近代史上十八位先贤，这十八位先贤待的地方，就是翁仲待的位置。

不仅仅是中山大学，我的老家，历史文化大省陕西，司马迁故里韩城，也该是有文化的地方吧？那年我去韩城参谒司马迁墓祠，当时看见墓祠所在山下正在修广场，司马迁的青铜塑像已经高高地竖起来了，看上去黑黢黢的，像一大块烧焦的木头。这个就是现代艺术家的作品吧？不是出自从前的工匠之手。不知

---

① 石像生：帝王陵墓前安设的石人、石兽统称石像生，又称"翁仲"。

道别人怎么看这个塑像，反正我看它没有起到一个塑像应有的令人仰望顿生崇仰之情的效果。前不久，我推荐几个南方朋友专程去韩城参谒司马迁墓祠，这几个朋友回来直摇头，说：居然在司马迁塑像两侧放的是三皇五帝的塑像！果真如此的话，问题依然如同上面所说的那样，犯的显然是同一个病：把三皇五帝放在了下位。

其实，照着这个去找，全国上下，这样的例子多得还能数得过来吗？

再说一次：丝毫不怀疑塑像者和主事者对古圣先贤的诚敬之心，但是，为什么弄错了？

我在大万世居还说过：大万世居的祠堂修得很好，修旧如旧，很古朴肃穆。但是，为什么要在中堂那么宝贵的地方两边墙上挖掉两块不可复制的老墙，镶嵌上出资捐赠人的芳名榜？且不说这个芳名榜很不合规矩，石刻粗糙、添金俗气，有的竖排，有的横排，很乱，单就挖掉两块不可复制的老墙体，镶嵌这么大的两块石头就是不合适的，破坏了整体建筑的完整性，视觉效果也不好，看上去很粗俗。子孙给祠堂捐钱，还要这么大的回报，让后世子孙怎么看？给他们做的是什么表率？同样，丝毫不应怀疑捐资人的诚意，也很理解勒石留芳记名者的好意，问题就在于，该怎么做得更合适、更规范，现代人已经不懂了，好心好意却办砸了。

别说大万世居，国内几乎所有建筑类文物，从故宫博物院到古代寺院、老宅子等等，不都是在显眼处挖掉一块不可复制的文物，再镶嵌上一块文物保护单位的石匾？看上去就像人脸上一块舍不得揭掉的过期膏药一样。

现在讲创意，创意不应该是无根漂游、凭空想象，要有文化依据。离开了文化依据的所谓创意，很容易怪力乱神，危害大矣。

懂得了保护、利用文物的重要，却不懂如何保护、利用，以为一个美好的心愿和诚敬的心态，就可以替代正确的方法和规矩，这就是现在许多地方保护、利用文物的问题，如同你已经拿到了文化的账号，却找不到密码。是的，尴尬。但更尴尬的是，懂的人越来越少了，懂得尊重懂的人的人更少了。

2016 年 12 月 28 日

映带从心 回环随意
——朱建斌书法感言

有云：书者，人之千里面目也。而毛笔之用，实为我先贤道法自然之无上妙得：盖一管在握，臂腕指手之延伸耳，而万千毫纤如神经之伸展也，承以水墨，付诸宣纸，一经沾染，毫微之力必显现也。此书者内心含藏、修养道行，无所隐匿焉。

朱建斌兄，禀赋性情淡泊宁静。其淡泊也，摒弃无谓之事，不惑外物；其宁静也，择其善而固执，不蹈纷扰。读书交友，唯诚是尔。教书育人，乐而敬焉。观其挟书囊而过校园，目不旁视，颔首躬背，步履施施然，望之如古人。而登坛讲授，则蹙眉瞋目，感激于文辞也；又或粲然绽童子之笑，与二三子会讲互答也。

及其退而静处，唯以作书为乐。其书也，诸体所涉，皆有得焉，略而言之，盖绪衍士夫书风一脉，淡泊宁静之气象，纷披楮墨之外。其书也，唯足于己，无待于外而已。诚敬学古，下笔有由，从不虚发，得心应手。

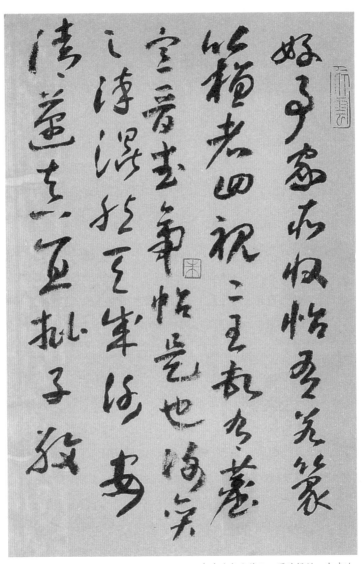

朱建斌书法作品，图片提供：朱建斌

130

而晚近之书坛，人多功利而浮躁，书者以倡优畜之，凡所呈现，多扭捏作态，倚门卖笑，非偏固而不为新奇，枉自标榜，污行秽言以僭妄法言。如此而能守静如初者，不以能书而标榜，亦无一言一词轻涉创新云云，反唯恐去前人甚远者，尤为珍稀。映带从心，必以诚；回环随意，不逾矩。

此其为往圣继绝学乎！朱君庶几近之。

2016 年 6 月 14 日

大学属于有故事的人
——华钟彦先生 110 周年诞辰

2016 年 11 月 17 日，是已故著名古典文学教育家华钟彦先生 110 周年诞辰，河南大学在 18 日、19 日举办纪念华钟彦先生诞辰及学术研讨会和"华调吟诵"非物质文化遗产相关活动。敢承不弃，不才也接到邀请，无奈分身无术，只能遥想活动的盛况，并在心里默默地用华调吟诵先生的诗词数首，聊表心意。

余生也晚，没有见过先生，却万幸地与先生的哲嗣、河南大学的华锋教授在台湾做中华古诗文吟诵交流期间结识，并成为好友。连续三年的"说文解字·中华经典古诗文公益课堂"深圳读书月系列讲座，邀请华锋先生向深圳读者传授"华调吟诵"，成为"说文解字"项目最受欢迎的讲座之一，每次爆满，连地上都坐满了听众。许多家长带着孩子来听讲，主持人不得不中途提醒听众，要换着坐座位，免得一些坐在地上的家长太过辛苦。

有关华钟彦先生的学问，我是无资格说一个字的。与华锋教授交谈，听华钟彦先生的学生、我的老师康保成教授和其他人讲华钟彦先生的故事，对华钟彦先生的形象慢慢地在脑海中勾勒出一个大致的轮廓，极其生动。

华钟彦先生生于辽东，自然是天资英迈，而能够师从钱玄同、马裕藻、高步瀛、高亨等名师，这是现代大学生永远都不会有的机缘和福报。

读其书，想见其为人，后辈末学，只能一边吟诵着华调，一边从点滴的故事中，遥想这位备受尊敬的"河大四老"之一前辈的风采。

故事一：先生生于辽东，东北沦陷后，辗转于北京读书、教书，意气风发，有感于山河破碎，仿效庾信《哀江南赋》，写《望辽东赋》，抒发对国破家亡的愤郁和激情，为当时传诵，感激了多少人心。而先生一生辗转，尤其是"文革"中被迫上交所有个人创作诗词作品，遂将此赋遗失了。到了晚年，依稀记得其中的部分句子，与儿女分享，自我感叹：真是少年意气，若今日重写，恐怕是写不出了。阖家不胜唏嘘。前些年，《华钟彦文集》出版，真没有找到这篇赋，很遗憾。2011年冬天，我跟华锋教授在台湾做中华传统诗文吟诵交流，中间还探访台北、台中的旧书店，看能否访到华钟彦先生的著作，果然找到一本《花间集注》。我们希望，说不定哪天《望辽东赋》会出现。

故事二：1979年春天，日本汉学家吉川幸次郎到河南，吉川幸次郎是日本研究杜甫的专家，他到河南要专程拜谒巩县（今巩义市）的杜甫故居。当时的杜甫故居被几户农家占据，被猪圈、鸡舍包围，十分肮脏凌乱，连通往故居的路都是非常泥泞的乡间土路。有关方面急急忙忙请出华钟彦先生，请他作为河南方面的学者接待吉川幸次郎。了解情况之后，如何婉言谢绝专程到河南参谒杜甫故居的吉川幸次郎？华钟彦先生作了一首诗致吉川幸次郎："窑湾春涨路难开，杜老遗踪锁碧台。领会青云动高兴，明年扫径待君来。"吉川先生读罢，不无惆怅，表示理解，并和诗一首："命驾青泥阻，凝目绿野苍。明年邀我去，地主意偏长。"河南方面很快迁走了当地住户，维修了杜甫故居。

故事三：我看到一篇动人的文字，孙兴先生撰文回忆上大学时听华先生讲课："大三时，我们的古典文学课讲到了宋词部分。主讲是我国著名词学专家华钟彦教授。据说华教授刚从豫南农场'解放'回来，这是他第一次登台为我们授课。华先生走进讲堂，未曾开讲先自吟诵起来：'春花秋月何时了，往事知多少。小楼昨夜又东风，故国不堪回首月明中。雕栏玉砌应犹在，只是朱颜改。问君能有几多愁，恰似一江春水向东流……'我们遂报以雷鸣般的掌声。但见华先生泪光盈盈，感慨唏嘘，不能自已。是重返讲坛激动难掩？或是诗词触到了他的痛处，从而与词作者产生了共鸣？好久，华先生才回过神来，哽咽着说：'同学们，现在上课。'班长急忙喊'起立'。华先生向我们深深地鞠了一躬，这一躬鞠了足足有一分钟。"

华先生的故事，远远不止这么多，这不是一个故事少的人。大学，就应该是这种人的大学。这种人在大学里，俯仰一生，才学德义，影响了太多人。而薪火相传，被他影响的人，又影响了更多的后来者。

从前的大学，就是这样有故事的人的大学，这些故事分明不是故事的具体当事人个人的故事，而是跟所有人都有关系的故事；这些有故事的人组成的大学，是那种让人一想起它，不管这个大学跟你有没有直接关系，都给你一种坦荡磊落的精神依靠的大学，像一个温暖的精神驿站，供任何人免费落脚歇息。而今日之大学，有故事的人越来越少了。

2016 年 11 月 16 日

寻找、打捞失落的文明构件

我与张贵喜先生的相识之缘，仿佛是天定的。

偶然在上海古籍书店见到他的《山陕古逸民歌俗调录》，翻开捧读几篇，不仅喜爱，简直读得有点浑身发抖的激动。

我为什么会有这么强烈的反应？与我及我家的遭遇有关——

二十世纪七十年代。

先祖父尽管在他人生的后半辈子受尽磨难和迫害，以致百病缠身，用当时人的话说："黑到了极点。"在他去世的时候，家中不敢大办丧事，也办不起隆重的丧事，但在停柩待葬的那几天里，村里突然不知道从哪里来了许多陌生人来吊唁。我那时候还小，却至今清晰记得那些人的神情，都是老年人，个个都带着某种神秘感，穿着与当地农民一般不二，有的鼻梁上多了一副圆眼镜，有的老人还有晚辈陪同，但这些人身上分明有一种特殊的气质和劲头。他们在祖父的灵前有的跪地哭拜，有的默默磕头，并不多停留，也不与我家其他人多交流，有的连我祖母都不认识他们，吊唁完就又默默地走了。多年后，我祖母说，有个别人，还悄悄地给她手里塞了点儿钱，以为赙赠奠仪。

我们那里的风俗，人去世，报亲讣友，就是说，对亲戚要派专人去上门报丧；对邻里朋友，却不报，而是在门口悬挂一块白纱布，此为讣告。邻里朋友见讣，自己考虑与逝者的关系，决定是否去吊唁。

我一直不明白，那些外地人、陌生人是从哪里来专门吊唁我祖父的，还都很神秘。我祖父的丧礼，是迄今为止我记忆中全村最隆重的丧礼，就因为这些陌生的、神秘的客人。

后来空气宽松，慢慢地略知一二。这些人，都是与我祖父曾经在旧社会有过交集的故旧老友，有的还是外省人。我祖父的人生，并非那么淡薄的晚年情景。但家里人怕孩子到外面乱说，从来不把先人的故事详细讲给我们听，以至于今天，"欲问其事，而遗老尽矣"。

渐渐地，依稀从各种途径组接拼凑了祖父的大概行迹，所可称者多矣。有一个是说，祖父曾经带领家乡子弟到山西抗日，参加过中条山战役，在黄河滩上深夜埋伏，被水气所侵，晚年严重的哮喘病和肺气肿皆与此有关。我们那里参加抗战的老兵很多，一个村就有好几个，有的活着回来了，有的则从此没有了音信，比如我祖父的弟弟即我的八祖父，我祖父那个比他年龄还小的叔父即我的小曾祖父，都从此没有了音信，有的说是后来去了缅甸打仗，但没有确证。总之，一个个活人仅仅变成本家后人偶尔谈起的模糊传说了。这些人的故事，我祖父的故事，被一个外号叫"鸡皮"的远房本家编成一出皮影戏。当时怎么演的，人亡事浸，不可考，但其中的重要唱段、大段的说词流传了下来。现在，每到比如清明节，家族聚会，我那脑子非常好使的堂弟就在大家的鼓动下说一段，开头两句就非常动人："日本的大飞机撂下炸弹，一霎时把运城炸成血滩……"陕西东府方言说这两句，稍微一用劲儿，就是"两狼山战胡儿天摇地动，好男儿为国家何惧死生"的气势，我每次闻听此言，当时再劳累萎靡的身心都会为之一振。几句话，就把我移到了那个我并未经历的时代环境中，当时的人和情景，仿佛历历在目。

我读张贵喜先生所辑的《山陕古逸民歌俗调录》，从这本书的词句中，用方言读出了我堂弟口中的那种声音。文字是有声言语的备忘和记录，但我却能从那种山陕清末至民初的文字中，读到旧时代的感觉和情景，我会读出方言声音，这声音一下子把我拉回到我并未曾经历的时代，仿佛看到我的先辈们的音容笑貌，看他们辛苦劬劳，听他们俯仰謦欬……

所以，我对《山陕古逸民歌俗调录》爱不释手，又生怕丢失，所以厚厚的一本书，我买了两本，都是自用。

后来，我通过各种方式，终于联系到了张贵喜先生，彼此一见如故，志趣相投，引为忘年知己。

张先生退休后一直致力于奔走、徜徉在晋南一带的故旧市场，从历史的灰堆中寻找、打捞失落的文明构件，专门搜集整理清末以来的各种濒临散佚失传的民间歌谣、说唱文本。我喜爱戏曲，他还赠送了我一些珍贵的戏曲旧剧本。这些旧文明的构件也许还一时入不了那些专门找大物件的人的法眼，但是，它却无疑寻找到并保存了旧文明的生态。我相信，它的意义和作用，将越来越能让更多的人感觉到。

得知他还拥有一部费了许多心血搜集整理的同类文字，名《黄土风情歌谣录》，共计四十多万字，为晋南旧民谣。山陕相连，民歌、戏曲有诸多共同之处，靠近黄河的渭南和运城的民歌多有重合，许多都难分彼此。旧民谣即今天所谓原生态民歌，犹如煤炭和石油资源，有其特殊的地质产生条件，现在的人发展新能源，就是看不到在人类社会可预见的未来，能再一次使地球产生煤炭和石油。民歌的生发也是如此，在可预见的未来文化生态中，不会再产生过去那种歌谣了，现在所谓新民谣者，大多皆虚妄之词曲，篡民谣旧名，发郑卫淫声，伪人伪情，不值一顾。因此，要像重视传统能源一样，重视原生态民歌资源的整理和记录、研究。在这方面，张贵喜先生的辛勤劳动，令人非常感激。我鼓励他出版，但这类文字，在如今讲求经济效益的时代是很难的。我与山西籍的出版家南兆旭先生联系，请他帮忙。南兄亦热心仗义之人，倩南兄之力，此书终于得以出版在望。

前人说，整理国故，是学人之责。但晚近高傲的学术人，治经史、推义理、辩心性者可谓如过江之鲫，而关注民俗、留意风尚、损益礼节者鲜矣。加之现代学术，以分别之心，功利之动机，生硬划分，将民间风俗从大的礼学概念中活活地剥离出来，成为所谓民俗学，而从事该学问的，大多其本身灰溜溜的窝囊不说，又多以西式的心态和方式，远远地冷漠观察，缺乏切身体察和投身参与的热情，即他们对自己所从事的学问，本身并不相信，更不会致力于复兴、损益，以期以学问有裨益于时代。

江河不却细流，故能为之大，古人并非如此狭隘偏枯，"街谈巷议，倏有裨于王化。野老之言，圣人采择。孔子聚万国风谣，以成其《春秋》也"。其实，我越来越相信，一个人，关注某种学问，致力于某种事业，不仅仅是立场的问题，其实也是能力的问题。能看到远古那与人生生不息的万国风谣之中，蕴藏着兴观群怨的精神功能和人心意志的，不仅是孔子的立场，更是他老人家的能力，圣心所在。

所以，我翻阅张贵喜先生的《黄土风情歌谣录》，心中对他充满了敬意。这是一位真正从历史的灰尘中，为民族打捞、挽救国故的人。这些文字，与先前的《山陕古逸民歌俗调录》一样，记录了那个已经消失了的时代的状貌，我相信许多如我一样的人，会由于特殊的文化基因和血缘，读了它，顿时将身心切换到那个自己并未曾经历过但与自己血脉相连的时代。同时，作为一个故旧文献资料的汇编，我劝张先生宁愿芜杂繁琐，也不要轻易取舍，要有老太太择菜的心理，看着哪片菜叶都舍不得扔。盖今人之所为，备后来有心人再次采择征引。

浮生劳碌奔走，风尘仆仆，仓促赘言，词不达意。乞张先生与读者谅之。

2017 年 4 月 23 日于河南采风途中匆匆

不论马云还是王健林，都没资格说自己过的是"雅生活"

天儿真热！

在喧闹的时代和喧闹的都市，大家能够聚在一起，闻香、雅集、赏花、听琴，这是紫苑茶馆一直倡导的雅生活。

雅，我们通常说优雅、娴雅、风雅。所有的雅都没有说是急吼吼的，比如你手里拿着扇子，如果扇得非常急就不能叫雅了；你扇的时候有一下没一下地，好像没有在扇，这就是雅。这说明雅的前提是优裕，"富裕"的"裕"——富裕有两种：一种是金钱的富裕。"贫贱夫妻百事哀"，没有钱，生活困窘，一般人是谈不上优雅的。每天都在为口粮着急焦虑，这是患得；另一种是患失：有的人很有钱，但是他还是穷心态，因为他患失，他今天赚少了就觉得赔了。还有一种是精神的富裕。这种人是什么人呢？是孔子说的君子，"君子固穷，小人穷斯滥矣"（《论语·卫灵公》），所以只有君子精神富裕，富裕了才能优雅。

雅，最初就是当年陕西镐京那个地方，周天子所居的京畿之地，那个地方的人说话发出的那种声音，笼统地听上去像是鸦在叫，当时那种方言的味道就称为"雅"。雅言、雅音就是这样来的。

有钱是不是一定能够雅呢？那不一定，我们现在这个时代有钱的人很多，但是已经很少人有资格雅了。紫苑茶馆能够通过自己的努力让大家把这个雅的概念再琢磨一下，是我在全国所见的仅此一家。一般都是搞一个聚会，请人来，你们来了我招待你们吃喝，但是，默契的是，你们必须向我奉献"谄媚"，要"谄媚"我这个做东的财主。我们常常见一种人，聚会中人多了，他见面就说：哈！你们都是文化人，我是个大老粗。自己和文化人立即划界，以大老粗自居。但是你看看他那倨傲的神态，你作为文化人，可别大意，你只要有一个字让他不满意他就要收拾你。你以为他会尊重你这个文化人吗？还有一种，他本来就是文化人，干的也是文化的事儿，但是他一见面就假装谦虚说"我没有文化"。记住：凡是见面就声明说"我没文化"，这种人肯定是要干坏事了，因为他给自己打场子，往下游走，要破底线了。

回到今天的话题，我想起一个事情来：我正在策划一个扬州采风之旅，所以说说扬州。扬州这个地方是一个古代很风雅的地方，最鼎盛的时期，当地的盐商非常有钱，任何一个盐商，你都不能鄙视他。汪曾祺先生曾经写过一篇小说描写扬州人的雅集，叫《金冬心》。汪曾祺先生的小说很像散文，而散文也很像小说，所以，虽然是小说，但却不是没有现实根据、不是非真实的。

他写"扬州八怪"之一的金冬心，看中了瞿家花园苗圃的十盆从福建运来的兰花，想买回去。可是他那一阵手头紧张，正发愁百无聊赖的时候，他接到扬州大盐商程雪门邀请他参加一个雅集的请帖。这个雅集是为迎接新到任的两淮盐务道铁保珊的一个宴会，地点在扬州的平山堂。平山堂是宋代欧阳修与一帮文人饮酒赋诗雅集的地方。那时候玩儿击鼓传花，大约是每个席之间摆放荷花缸，用以间隔。从当时的类似扬州歌舞团请来漂亮的女孩子做服务员，击鼓传花一样，花到一个人手里摘掉一瓣，吟一句诗，大概是传到谁手里，花瓣被摘光了又或者作不出诗来就要喝酒。所以说，平山堂是个风雅所在，现在去扬州平山堂，还挂着"风流宛在"四个字的大匾，非常醒目。在这个地方请客自然就有了风雅之意。

当时的文人都比较穷，读书人自古就没有不穷的。追求财富是另外一种语法，与读书人的价值相悖，这是另外一个话题，改日另说。

金冬心接到请帖，动了心机。那天他有意要迟到，请客的主人派轿子催了三次，他才动身。到了之后，登堂进门一看，扬州的社会名流全到了。坐在中间主榻上的铁保珊和程雪门正在谈话，一看到金冬心，两个人马上站起来趋步迎接。同时，程雪门自动从主榻上退下去，让位给金冬心，叫铁保珊和金冬心坐在主榻上。从中就可以看出当时社会对文人的尊重。铁保珊和金冬心两个人在主榻上，时而低头密谈，时而抚掌大笑，别人也不知道他们在说什么。总之，看上去，铁大人对能结识金冬心是很高兴的。

一会儿上菜开席，菜品极其讲究，但是看上去却非常素淡，可全是不容易办到的菜。铁保珊自己要求要清淡，说是"咬得菜根，百事可矣"。有一道菜"杨妃乳"，就是扬中的特产淡水河豚。铁大人说，有这个河豚就应该有芦蒿，"蒌蒿满地芦芽短，正是河豚欲上时"。铁保珊只是古代一个管盐的司局级或者部级干部，他当着文人的面随口就能说出一首诗来，这种情况到今天大概很难遇到了。所以不管他是不是附庸风雅，真风雅都是从附庸风雅开始的，千万不要鄙视附庸风雅，要鼓励每个人都去附庸风雅。

铁保珊当然坐首位，程雪门坐主位，金冬心主陪。酒过三巡，铁大人高兴，说寡饮无趣，大家来喝酒吟诗吧。题目叫"飞红令"，现场吟诗，不管是你自己写的还是你背古人写的，里面要有"飞"字和"红"字，既可以明标，也可以暗喻。

看看，当时的盐商请客也有别于现在的商人和官员，大家玩的是这种游戏。

玩的时候问题出现了。轮到程雪门，他脑子一晃就不知道怎么冒出一句："柳絮飞来片片红。"此句一出，全场哗然：柳絮怎么是红的？趁着酒劲儿，大家就起哄难为程雪门：说说吧，这个诗是怎么来的？柳絮什么时候成了红的了？一般都是说柳絮因风起是比喻飞雪的。这下程雪门可解释不了了，场面非常尴尬。这个时候金冬心站起来说：诸位莫要吵，这正是元人咏平山堂的诗。大家一听，安静下来了。金冬心徐徐地背诵道："廿四桥边廿四风，凭栏犹忆旧江东。夕阳返照桃花渡，柳絮飞来片片红。"语速从容不迫，大家一听，突然爆发似的叫好。都说程雪门的学问真好，如此尖新，这正是元人诗的风格。注意，当时的人一听这个诗，就能判断出是宋诗还是唐诗还是元诗。一个人对文学、对诗很熟悉的话，从句子上能够知道不同朝代的味道、用词，能够根据诗的风格来断代，这是当时扬州的商人都能够做到的。

咱接着说故事：大家都说写得真好，当然也有人猜得出来，这是金冬心利用自己的急捷之才，当场临时作的一首诗，为程雪门解围。这件事情就过去了。第二天，金冬心就收到了程雪门派人送来的一千两银子，意思是你昨天救了我，这一千两银子作为酬谢。金冬心收到钱，大手一挥，招呼家里人：去，把瞿家花园的兰花给我搬回来！

我们先不管汪先生对金冬心的判断，但这个生活、这个情景，无疑就是雅的。

文化要怎么发展？文化人要值钱，当文化人非常值钱的时候，不但有文化，还有雅，还有优越的心态。大家知道唐朝的两位诗人白居易和元稹是好朋友，好到什么程度？他们两个人的诗被称之为"元白体"。元稹去世前，在病榻上留遗嘱，说他死之后墓志铭要交给他的好朋友白居易来写。这事儿放在现在，你的朋友临死的时候托你办的事你还能要钱吗？白居易也坚决不要，但是按照当时的礼数，元稹的家人一定要给。这是礼数和风俗，君子不坏礼害俗。白居易不得不收下这笔钱，但他一分钱没有花，全部捐给了洛阳的香山寺。大家知道这笔钱在当时是多少钱吗？当时的六七十万钱。我找人算了一下，这些钱用当时的米价折算成数量，再折算成今天的米价，相当于现在的人民币35万元左右。大家傻了吧？白居易给自己的好友写了一篇墓志铭，友情价，还要35万元人民币。

我们想想文化要发展靠什么？必须让文化值钱啊！这样一说，其实非常简单。如果不值钱，文化人老给人家占便宜，文化还说要发展是不可能的。所以，有一句古话："文运关乎国运。"很多人都没有理解透这句话。现在把它理解透了吧：就是让文化值钱。

单单有钱也不行，上面说了，有钱但心态不富裕，成天患失，赚少了就以为是亏了，那不是优雅。心态要值钱，要有非常富裕的精神境界。记得紫苑茶馆每年岁末在赏梅花的时候，许多人都说过"山家除夕无他事，插了梅花便过年"，这就是贫寒之士，生活非常淡薄，内心却非常高贵，虽然很穷，但是自己不乱来，过年的时候我插一束梅花，也是过年了。这种富裕的心态也是一种雅致。

我还想起一出跟花有关的戏：《二进宫》——那个寡妇国太①李艳妃抱着孩子，她中了朝廷奸臣也就是她父亲的奸计，没办法，反过来求先前被她贬黜的大臣徐延昭和兵部侍郎杨波，要把老臣请回来给她解围。两个老臣想让国太放权，都推辞说"我不干"，杨波唱了一段"渔樵耕读"加"四季花"："臣昨晚修下辞王本，今日里进宫来辞别皇娘，臣要学姜子牙钓鱼河上，臣要学钟子期采樵山岗，臣要学尉迟恭耕种田上，臣要学吕蒙正苦读文章。"意思是我要辞官回家了，不干了。古代不像现代，一辈子当官能赚八辈子花不完的钱，古代的人当官的时候工资就少，如果不当这个官立刻就贫穷了，有许多大官的后代他父亲在的时候跟另外的大官家订婚了，他父亲一死，家道立即衰落，就有悔婚退亲的。但是，杨波宁愿放弃当官，回家过穷日子。我放弃当官还告诉你我的心是优越的："春来百花齐开放，夏至荷花满池塘，秋来菊开金钱样，

---

①国太：帝王之母的俗称，一般多用于小说戏曲中。

冬至腊梅戴雪霜。望国太开恩将臣放，臣无忧无虑做什么兵部侍郎，臣要回故乡。"什么人能说出这样的话？我没有钱，但是我的精神非常富裕，这种君子才能够做到。我过得贫寒，但是君子固穷，内心雅、优裕。

所以，所谓雅，就是应该过各种各样精神优越的生活。

必须像防恐反恐一样打击书画骗子

当今书画界多骗子，人所共知。书画骗子们的各种表演，可谓花样迭出，无底线，数不胜数。前不久，就冒出个写字像得了什么怪病一样的"吼书"：此贼脚踩宣纸，抓住个扫把一样的毛笔瞎拖，大喊大叫地，旁边看热闹的也瞎起哄，其丑态我已经不愿意描述成情景再现了。

这种妖孽所为，真可谓怪力乱神，本来当笑话看，效孔夫子不去语它。但是，我发现许多自己先前欣赏的人，比如有些才学、字写得很不错的年轻书法家，居然想方设法曲庇回护他，有的说他吼叫得有道理，有的说他在临摹传统方面也曾有过人之处……这令我很沮丧，对，是沮丧！见大义而踟蹰不就，不热切；见大恶而犹疑不去，或去之不坚决，其人必心怀偷私，或见识昏昧……

极度地沮丧才不得不就此说说我的外行话——

为吼书辩护的，有这么一段话："在这样用生命去书写的状态里，狂叫怒吼几声是多么抒情和畅怀的事情啊，又有何不可？这样的巨幅作品不能用精微、工整、秀美、传统来要求，那本身不在一个频道上。王国维讲：世上一切境界无不为诗人设，世上无此诗人即无此境界。当我们不能达到那样的高度时，可能很难理解人家的生命状态。"——多年以来，我看见任何人写评论，用"生命状态"这种词，便油然而生鄙视，我将其称之为没文化的"玩命派"，即没有话说，就说这是什么生命状态。这样写，似乎很高深，能唬更没文化的蠢货。可是，你的生命状态有什么意义？你的命本身都没有意义！拿一个无根浮词仰天唾日，浓痰必然糊在你自己的脸上。

还有一种胡说八道，说什么学古人但要创造自己的风格云云——在我这很保守的人看来，学传统，自己的，不重要；古人的，才重要。自己的，有意禁都禁不了，故不必提倡；古人的，学都学不好，故须有意为之，务求毕肖。提倡自己的，会贻害无穷。若有意表现"我自己"，很容易苟且，同时异志萦怀，难免装腔作势、搞怪闹妖，直奔怪力乱神。

无论如何不能原谅任何人对吼书一个字的认可和理解。凡是理解此贼者，必乡原①，又中了一分为二

---

① 乡原：指不讲原则，伪善欺世之人。

的尸毒。至于钻山打洞说其有什么可取之处，那不等于拉屎拉出颗豆儿，搁嘴里吃了说不糟践粮食一样吗？

说其过去写得好、其对传统的临摹也曾有可观之处云云，寡妇守节数十年，老迈而涂脂抹粉入青楼而已，反不如老妓从良。即便过去会写，正说明下坡车子好推，堕落起来连本赔，有什么奇怪的！

正巧，刚刚看朋友圈中有人转其所临《圣教序》，这就是其所谓临传统有可取之处的东西，依我这外行看来，不过尔尔。一看即可知就是那种没文化的展览字，断非士人手笔，通篇扭捏、眉动目挑、左勾右搭、浮浪不安分，谀谄佞贱、倚门揽客之色艳然歘然……

俗话说"皮裤套棉裤——必定有缘故"，既然此贼曾经会临摹传统，又为何作秀闹妖？也有朋友分析说，贼人作妖，以吼叫哗众、谄贱取宠，遭到痛斥，又穿凿妄僭，百般文饰其丑，比如用什么"玩命说"，实欲博世俗之名，鬻书以活。其实，等他炒热名气，骗得金足，必返身又作秀，以复古自命云云。这个路子，不正是港台娱乐界贡献给世界的发财致富模式吗？所谓"搞脏、搞富、搞干净"，这种把戏已经用烂了，但还能用，因为世道人心有空子可钻。

为什么一个原本可以好好地学传统、好好地写字的人，在步入老年之际，却又跳出来干这种不要脸的事儿？子曰："不仁者，不可以久处约，不可以长处乐。"

（《论语·里仁》）今日之书画界，极少读书明理之士夫，多数是一心名利的大小奸人，又没有从前匠人的本分，满目猥琐寒碜，尽为苟图衣食之辈。这种人，德之糟粕也，携末技以自雄，不过仅充猥役可矣，怎么能指望其固穷向道？"穷斯滥矣"才是必然的。

至于那些理解甚至支持、羡慕这种妖孽的，无不是有贼心无贼胆的，见人之行险侥幸、扰众获利，羡之慕之，虽不能至，心向往之，于是代为张大其人其事，以利于己，如见邻人卖身获利，谅之赞之，继而从之。此固非仁也，故不能久处约，见异而生不靖之志，其身心俱贱。

我对此贼的批评，在自己的朋友圈还发生了不愉快的争论，甚至友谊的小船都翻了。某何曾想翻船？见任何人尤其是年轻人于我中华国故传统之一事一技略有承续，必大喜，继而倾力奖掖汲引，尽管无权无钱无势，必也逢人说项，以期冀其大有进益，此正所谓随喜。同时，见恶则力求急去之、尽弃之。故任何人对妖吼的行为有一字含糊，必令我大失所望，至于穿凿强说，文饰其今非近恶，让人不怒而何！

对书画骗子们，必须像防恐反恐一样，保持高度的警惕和打击力度。因为为善如逆流而上，不得有丝毫懈怠、含糊、昏昧，因此，除恶宁过之，勿不及。

我非书画圈中人，没有利益关系，所以发此议论——书画圈有个现象，凡是你说他不好的，他说你不懂。但是，当他需要炒作宣传的时候，他又很欢迎你。书画界的评论，到如今，大都是跟利益相关的，已经很少有所谓清议了。所以，你要对书画界的现象发议论，很可能被认为你没有资格。当今部分人的价值观：别人是禽兽，我不禽兽不如就算吃亏。在这种心态下，连圣人发言都会被质疑不够资格，何况一个普通人！

人们愿意容伪、包容坏人，一是见识差；二是为自己做坏事打提前量、开拓空间。他们不容真善，真善在侧，使其不乐。

"清议亡而干戈至矣"（顾炎武《日知录》），当今没有评论，只有肉麻吹捧和愤怒谩骂。也必然是这样。可人间毕竟有优劣、善恶、美丑，需要评论。但评论，只能在这满目心怀鬼胎的乡原时代，冒着那些凡事无不抱残碎而弃大体的自私利己者的炮火前进了。

2016 年 9 月 26 日

博物馆为何成了文物的坟墓

　　某博物馆日前收藏了一张古琴，此琴有来头，与岭南画派有历史渊源，因而身价在琴之外又增加了一成。听到这个消息，我对该博物馆的人说：完了，又一张好琴死在博物馆了！

　　花那么多钱，买一块死木头，还要占地方、照料，不如不收，让它在民间琴人手中流传，让它活着存在。中国各地博物馆藏的古琴数量不少，但都是如此收藏，即死亡式保管。古琴的物理性能要求琴必须在使用中才能延续其生命，否则，没有人的气息滋养和信息交流，琴就是一块死木头，烂朽得很快。而现行的体制让它死亡式地在博物馆存在着，放在那里不动，谁都没有责任，但谁要是碰一下，谁就有责任。因此，即使如北京奥运会开幕式这样重大的典礼，也只能用一张复制琴。作为中国人类非物质文化遗产榜首的古琴，在当代中国博物馆的收藏，就只能是死亡式或睡眠等待死亡。

这也大约正是当今文物收藏的博物馆模式，即博物馆成为大多数文物的坟墓。搜集和收藏文物，犹如将那些散落的孤魂野鬼集体安葬。某文物大省的一个博物馆，收集来许多历代石雕石碑，无处摆放，就在院子里挖了个大坑，全埋在里面，这样做的初衷原本是等待有条件再一一起出、清理、研究、展示，可是，馆长都换了好几任了，谁也不考虑这事儿，就跟没有一样。我说这是文物的"万人坑"！

记得有人曾经说过，北京故宫博物院的历代书画藏品数量非常多，这些丰富宝贵的文化艺术遗产从理论上说是全国人民共同拥有的，应该以科学的方式让它真正服务于中国人的文化生活，发挥文物携带的文化艺术信息的作用。可是，即使是在故宫博物院工作了一生的研究员，所亲眼看到的文物也不足总藏量的三分之一。陈丹青先生曾经感叹说：这不等于没有嘛！

是的，不起作用，不等于没有吗？可是，这么简单的问题，却似乎没有人想过——指的是人显言贵的贵人们应该想得到，微末如我之流，即使想到了也等于没想。中国的博物馆基本上都是同样的经营模式，文物进入博物馆，大部分就只是登记在册、存档、原物保存，那些制作工艺难度不高或有旅游观光噱头的，拿出来展示。大部分文物藏品永不见天日，就好像死了、消失了，有也跟没有一样。甚至可能滋生另一种情况——前些日子，某博物馆遭遇尴尬：某艺术大家生前捐赠给该馆的精品绘画，居然出现在香港某拍卖会上！这让已故艺术家的后人感到十分不解，并由此引出种种对博物馆的质疑和猜测。是啊，对博物馆的监督、馆藏档案信息披露等是如何进行的，公众无法得知。

这几年，中国人对流失在海外的中国历史文物的追讨心理和行为，让西方许多博物馆、收藏机构和文物炒家十分不安。佳士得拍卖兽首风波，以及由此引起的对世界范围内文物来源的原罪式声讨，更加增添了拥有中国海外流失文物机构的尴尬。而理性地看待文物本身的艺术价值和文物价值，也逐步成为中国人的共识，原本想要利用炒作，将中国人烧得炙热的民族自尊心兑换成现金的文物炒家，恐怕要自觉地放弃这一简单的创意而另觅他方了。

对流失海外的文物的敏感和计较是应该的，这不仅是文物本身的问题，还因文物的被抢掠、流转和流失等劫难的背后，有许多横亘在中国人心里的东西。这些东西要获得释缓和平复，不是那么简单。同时，因追讨方式不当而使这些东西激化成另一种东西，比如被人挑逗激化成简单的民族非理性自尊而替别人套取现金，无疑是二次或三次被抢掠、被算计，它将使文物又附加了因愚蠢而导致的新的屈辱。所以说，与其被这样恶意操纵，还不如让它继续横亘着。

一方面很计较海外流失文物的追讨，一方面却延续着一种极其僵化的文物收藏、保管和展示利用的体制。后者才是首先需要解决的问题。就是说，中国的博物馆的运作体制，到了非改革不可的地步。费劲巴拉、义正辞严地追讨回来，难道就为了满足一下某种心理情结的释放，最后让文物死在自己手里、死在咱们自己的博物馆坟墓里？或者说海外流失文物被追讨回来不会被"死亡式收藏"，难道别的文物就该被"死亡式收藏"？

伶人故事

读书如饮食，编撰如制馔，所谓"横切牛羊竖切猪"，一部二十四史，看你是横切还是竖拉，是切片还是切条剁末。手法变幻，无非是希望所制之饮馔能够适口，方便人喜闻乐见。

优伶[①]古已有之，却以其独特的身份，一直居处于历史的角落，作为主流的调节，偶或能在深重的历史时空中倏尔一闪，呈现它的星光。

优伶累世众多，而能见诸史籍、笔记说唱、稗类小说之中者，必然为数千年中佼佼者，其人或美或恶，皆非籍籍无名之辈。有一言而备载史书者，有以卑贱之身而立奇伟之功者，有佞心播弄于内祸患贻害于外以致倾家覆国者，不一而足。欧阳修的《五代史伶官

---

①优伶：现在多称"伶人"，指具有身段本事突出的演艺人员。古汉语里"优"指男演员，"伶"指女演员。现在"伶人"或"伶"多指戏曲演员，有时中文里也会把外国传统戏剧演员称为"伶"。

传序》，道尽意旨。

能够从浩繁的史籍中，专门挑选出伶人故事，孤陋寡闻如我，此前未曾见过。因此，感觉李哲华先生于教书育人之余，津津有味地搜集编纂一本书，是个很有意思的事。

古代的优伶，无疑有自甘卑贱者，也有身份卑贱却心向尊贵者。优伶多颜容美妍而言语乖巧者，故常常能跨越阶层等级，不走寻常路，于特殊情景中接触特殊的对象。因此古代优伶，有以声色事人，甚至为一己私利参与到政治斗争中的谀优；有身份卑贱而心怀大义以讽谏君上的谏优。他们的故事，无一不是耐人寻味的。

"优言无邮①"一语，出自古代晋国的优施，成为中国传统文化中一个坚硬的符号和咒语。因为这四个字，俳优得以在漫长的历史中生存延续，在许多历史的转折节点中发挥巨大的作用。他们有时候扮演的角色，甚至让一向看不起他们的读书人、士大夫暗地里羡慕忌妒恨。最主要的，如上所说，因为身份特殊，优伶受君上的宠爱、亲近等可以非正常跨越，进步很快，所谓一步登天之荣，在他们来说可不是传说——昨天还什么都不是，第二天可能因为表演一个节目，供奉天子之堂，甚至跟君上拉拉手都说不定。想象那

---

① 无邮：没有罪过。《国语·晋语二》："优施曰：'……我优也，言无邮。'"韦昭注："邮，过也。"

些成天心忧国事的言官谏劝皇帝不要太宠爱俳优，皇帝很可能会轻轻用一句"优言无邮"把他们挡回去，说我又不让他们干政，就是娱乐娱乐嘛。

士大夫羡慕忌妒恨的原因，还不只是俳优们能亲近君上，更深层的是一些有思想、有人格的俳优能做出让士大夫无计可施、望洋兴叹的行为，如能以桀纣之警诫赵襄子的优莫。

同时，有了"优言无邮"的共识和默契，中国古代对那些优伶和他们所演的戏，讥刺社会、侮慢上司、调笑宾朋，被开涮的人不计较，看戏的人也因为这四个字，并不全当真。人们会把戏当戏看。所以，也可以说，这四个字类似高压锅的出气阀门，有了这个空，能有限度地排放世道人心的某些压力。

这就出现了一个问题，值得今天的人思考：古代社会为什么将优伶的身份设定为卑贱？因为这是关乎社会风气的大事。

今天的人，对演艺者的认识，产生了与古之传统截然不同的认识。清人郑板桥有诗云："千家养女先教曲，十里栽花算种田。"——郑板桥原本有感于彼时的扬州风气奢靡，人心浮华，他深以为耻，以此讥刺扬州。这两句诗，明显不是好话，自此诗诞生之日起，就让扬州那些士心未泯者感到尴尬和羞辱。而郑板桥于今日的扬州，相去并非过于遥远，但是，不知何时，扬州人将这两句诗当作了对扬州的赞美！甚至将其题写到一些宣传扬州的图画上，雕刻在以扬州风景为题材的屏风上。对此，有人感叹：难道现在的人不读书，连翻阅一下简单的史料就能查清楚这诗的本意是什么都不会吗？

这不只是扬州人的乌龙，而几乎是全天下人普遍的懵懂——君不见当今，多少人想方设法送儿女进入演艺圈，从前的耻辱，恰恰是今天的骄傲和荣耀。

风气变化了，价值观变了。自古以来，流风时尚，几乎不可能再变回去。

因此，用当下的世道人心，再来看古代的优伶故事，是非常有意思的。它将引起有心人诸多的联想和思考。

2016 年 9 月 13 日

古代人为啥不和演员计较

今天的人普遍没有高低贵贱意识，因此根本不懂古人对艺人的宽容，今人比古人实际上拘谨，放不开。古人对艺人的言论有个理解的密码，这个密码给优伶说话的空间和自由比常人大。地位越高的人说话的空间和自由越小。但是，说话空间和自由小的人却宽容谅解说话空间和自由大的人。这是古代一个很有意思的现象。

春秋时，晋献公欲称霸，发兵攻打骊戎小国。小国有小国的生存原则，打不过就投降纳贡。骊戎投降认输，骊君还将骊戎本地产的两个绝代美女骊姬和卓子献给晋献公。这极大地满足了晋献公的虚荣心，从此志得意满，专心宠爱两个美女。

骊姬的肚子很争气，生了一个儿子。她原来出身很普通，得宠于晋献公后，养尊处优，有点丑小鸭变凤凰的感觉，是个"凤凰女"。她私下有个男朋友，名叫施，是个俳优，即演员，所以叫优施。优施不仅人长得帅，脑子更好使，嘴还会说，所以深得骊姬的喜爱。骊凤凰不是存心要搞坏晋国，给骊国复仇，她是出于自己膨胀的私欲，想让献公把太子申给废了，改立她生的亲儿子奚齐为太子。这是个多么大的事儿！不好办。骊凤凰找她的男朋友、国家一级演员优施商量。优施很快就给骊凤凰出了一套策划案，包括离间、排斥、侮辱、明升暗降、调虎离山等办法在内的系统步骤，将献公的儿子们一个个迫害赶出去。

这一切都要从骊凤凰给晋献公刮枕头风开始。骊凤凰说，献公可以让枕头风刮倒，但是朝廷的重臣、贵族里克先生那一关不好过。优施老师说没问题，我来搞定他。骊凤凰说你拿什么搞定他，优施老师说，我的身份啊！他说了一句千古名言——"我优也，言无邮。"俳优以声色娱人，身份卑贱，人们喜欢他们，但却不把他们说的话太当回事儿，即说了也白说，不跟他们计较。但是因为他们口蜜善说，又会讨人喜欢，所以，因为不计较，他们的话能在别人不方便说的场合中说出来。话既出口，词句又巧妙动听，其实说了可真不是白说。优施将这个现象总结为四个字："优言无邮"，意思就是人，尤其是有身份的人尊贵的人，不跟优伶计较，别人不能说的话，伶人说了没事儿。

骊凤凰的心愿当然得逞了。不过，圣人说"货悖而入者，亦悖而出"（《大学》），翻译成老百姓的话就是"出来混，迟早要还的"。骊凤凰的儿子、太子奚齐几年后被成功复国的晋公子重耳搞掉杀了。

晋国经过这个变乱，给中国历史上留下了许多文化符号和人物形象，此不赘述。单说这个出自俳优优施的一句话，成为中国传统文化中一个坚硬的符号和咒语。

"优言无邮"前面已述，还说晋国。果然后来被赵、韩、魏三家分成三份了。其中一家是赵，赵襄子对三家分晋起了关键的颠覆作用。作为一个成功者，赵襄子很得意，成天喝酒庆贺。赵襄子宠爱的一个俳优，名叫小莫，世称优莫。他看领导成天喝酒、看晚会，有一回连续喝了五天五夜的酒，优莫老师在一旁伺候，赵襄子醉醺醺地对他说：你看我，身体倍儿棒，吃嘛嘛香！连续喝酒五天五夜，嘛事儿没有！优莫上前又给赵襄子满上一大杯酒说：您还得接着喝！这点儿酒算什么呀？当年商纣王连续喝了七天七夜呢，咱怎么也得把他比下去呀！来！干！

赵襄子多聪明的人啊！一听优莫老师话里有话，猛一惊醒，又问：那你说，我也会像商纣王一样灭亡吗？优莫老师反应很快，连连摆手说：不会不会！您绝对不会像他一样灭亡。商纣王灭亡，是因为他运气不好，倒霉遇上了像商汤周武王这样的圣君明主作为对手把他给灭了。您不一样啊！现在咱们周围这些国家的君主，个个都跟夏桀似的，跟您一比，那就等于纣王跟夏桀 PK，半斤对八两、秃子配哑巴、西葫芦配

167

黄瓜，一路菜嘛，怎么会相互灭亡？你们谁都不会灭亡。所以，您尽管饮酒作乐，一点事儿没有！真的！

优莫老师也给世上留下四个字：桀纣并世。这四个字很猛！但让读书人不平衡的是，这四个字不是出自士大夫之口，而是优伶之口，这能不叫人羡慕忌妒恨吗？虽然说"优言无邮"，但是，赵襄子还是被优莫老师的话吓坏了、惊醒了。

优施老师的"优言无邮"四个字，形成了传统上看待演员和演艺的共识、底线和默契。史上优伶利用这四个字，给君上进谏而获得成功的例子很多。有的甚至敢拿皇帝开玩笑而君臣观而乐之，不以为忤。皆因"优言无邮"四个字有它特殊的语境，在这个语境里，大不跟小计较、高不跟低计较、贵不跟贱计较。中国古代社会，就是一个要求尊贵的人自我约束的社会，您之所以在史书和小说稗类中看到许多权贵豪强仗势欺人，那正是把他们都摘出来供世人唾弃的。学士大夫，文必载道、行必顾文，其修身一丝不苟，如切如磋、如琢如磨，言谈举止，端直贞正，自由度自然小，讲究的就是修养越高越尊贵，自由度越小。而优伶娱人，就不能用学士大夫的标准要求他们，故"优言无邮"，让他们享受更大的自由。换成现在的话就是：开会的跟演戏的有区别。

简言之，就是不跟演员及演戏的计较，只要不过分，不煽动颠覆国家，不演诲淫诲盗有伤风化的，一般不干涉。谁要是过分地干涉演艺、跟演艺界计较，反而是不为共识所接受的。比如，哪个演员的弟子打人了、哪个又劈腿了、哪个又拍不雅照了，在这个共识之下，有法律在，公了私了，各走各的门道，没那么全民激奋，以为出了什么大事儿似的。

另外，有这四个字作为共识，就没有什么剧本审查，排练审查，文艺管得不那么具体，甚至没人管，都是上了舞台了，觉得什么地方的确太过了就纠正一下，实在不像话，就禁演。这个判断还不是一人两人，也不是某个机构，而是看当时观众的群体感受。

对那些俳优和他们所演的戏，讥刺社会、侮慢上司、调笑宾朋，被开涮的人不计较，看戏的人也因为这四个字，并不全当真，在特殊语境下，有共识——您以为郭德纲几乎每场必说"于谦的爸爸李老先生"是真的吗？

"哗啦啦钢刀起狗头落下，
把一个焦氏女活活吓煞！"
——秦腔《杀狗劝妻》

《杀狗劝妻》说的是楚国的官员曹庄，因为母亲年迈，就辞职回家，赡养老母，过着晴耕雨读的生活，砍柴换钱养家。他的妻子焦氏刁蛮馋懒，经常刻薄婆婆。

有一天曹庄上山砍柴，焦氏让婆婆饿了一天，还把她打了一顿。曹庄回来，见母亲脸色不好，就询问，曹母便有所保留地将焦氏一天刻薄婆婆的事简单地说给儿子，老太太还生怕自己给小两口儿翻是非。

曹庄叫来焦氏问话，不料焦氏反咬一口，胡搅蛮缠、连哭带闹，把曹庄都搅蒙了。焦氏得寸进尺，进而要曹庄将母亲赶出去，要不然离婚。焦氏蹬鼻子上脸，骂曹庄没本事——女人骂男人没本事是对男人尊严最大的侮辱。她还激曹庄：我就这样撒泼，你要是有本事就拿一把钢刀将我焦氏杀了。话说到这个份儿上，真是逼哑巴说话，欺负老实人欺负到家了。曹庄一时气涌，大喝一声，拔出钢刀，照着焦氏就劈过去了。焦氏吓得魂飞魄散，撒腿就往曹庄母亲房中跑，嘶喊求救。曹母见状，连忙阻拦曹庄，举起拐杖隔架曹庄的刀。曹庄愈加气愤，反复扑杀焦氏，焦氏吓得乱跑乱躲。恰此时，曹家的一条狗凑热闹跑过来跟着吠叫，曹庄向焦氏奋力一砍，怎么那么巧：焦氏一缩脖儿，狗一仰脖儿，"哗啦啦钢刀起狗头落下，把一个焦氏女活活吓煞！"曹庄砍下了狗头。焦氏又扑上来抱住了曹庄的双腿，求饶不已。

这出戏，属秦腔老艺人宋上华与杨令俗两位先生演得最好，现存的录像是两位老先生80多岁时的演出实况，可谓百看不厌。宋上华扮演的焦氏，虽刁蛮馋嘴懒，但不似别人演的那么粗俗——这戏很容易演得粗俗。别的人演焦氏，恨不能在台上撒泼骂街，就很低俗了。您不信，可以对比一下。我观宋上华先生的表演，想象：即便荀慧生、筱翠花等名伶也不过如此。

这里要说的是，曹庄惩戒妻子焦氏，好说歹说都不听，气极，举刀就砍——但凡人被气到曹庄那个样子，情绪极度亢扬激动，胸中怒气勃郁壅塞，那就非要给现实兑现点什么后果不可了，否则那个情绪落不下来，气愤难平。就是说，曹庄如果是个外人，焦氏再胡搅蛮缠，用话激他，也不至于被追着劈。但是人在气头上，很难有板有眼地处理问题，所谓"激情杀人"一说，在这里用得上。这时候，那条该死的狗充当了英勇献身的角色，用它的头和鲜血，缓解了曹庄的怒气，满腔的激愤算是有了一个着落点。

焦氏经此惊心动魄，死里逃生，身心大受刺激。加上曹母的劝慰，焦氏表示要悔改前非，孝顺婆婆。戏在欢乐中落幕。

人与人闹矛盾，往往以气对方为能，以气对气，这是很不明智的。惩戒晚辈下属，不是变态地真正伤害对方，施惩者和受惩者均要有一个默契，不是你死我活那么真仇恨。这里不必讲理，气头上讲不了理，要的是顺气、通情。所以，做晚辈下属的，要能认错赶紧认错，千万别顶着。为一口没意义的气顶着，对谁都不好。若将恶气兑换成现实的恶果更不好——钢刀向你砍过来，未必有条该死的狗正好仰起它倒霉的脖子。

"春风满面皆朋友，欲觅知音难上难"
——京剧《马鞍山》、京韵大鼓《伯牙摔琴》

假如没有小说家冯梦龙，戏曲将会减少多少剧目？或者说，多少经典剧目都来自冯梦龙的小说？

《马鞍山》是一出不常见于舞台的京剧。它取材于冯梦龙的小说《警世通言·俞伯牙摔琴谢知音》。并不是对小说的直接改编，而是选编，截取其最后一小段，编成一出小戏。小说本来就不长，为什么不全部改编呢？放在现代人手里，全部改编，恐怕还嫌不够，前人为什么舍弃最主要的故事，而截取一小段编演一出小戏？

这正是前人编剧的妙处，取有用的部分，其余隐藏或舍弃。戏曲以抒情见长，小说的结尾处，乃是抒情的高潮，故选取这一截最恰当。

楚国人伯牙在晋国当上大夫，地位相当于今天的国务委员。中秋时节回原籍汉阳探亲，途中过马鞍山，抚琴自娱，不料遇到一个气质不凡的砍柴樵夫，对他的琴音做出了准确的判断。他弹奏《高山》，樵夫能听出高山的巍峨幽深；他演奏《流水》，樵夫能判断流水从冰雪消融、一路激荡直到壮阔入海的情景。这让伯牙非常惊奇，"子之听夫志，想象犹吾心也。吾于何逃声哉？"

伯牙遂邀请交谈。这个樵夫名叫钟子期，是个27岁修养非常高的年轻人。伯牙与子期交谈，子期身份卑微，却内心有主，言谈举止不卑不亢，谈吐应答，从容大方，宠辱不惊，言辞无不合乎中节。伯牙问：以你这样的年纪和才华，为什么不出来做官呢？埋没在山里，与草木同朽，实在可惜。子期答道：小民也不是清高，实不相瞒，舍间上有年迈二亲，下无手足相辅，采樵度日，以尽父母之余年。虽位为三公之尊，不忍易我一日之养也。

子期这话让伯牙非常敬重。两个人遂结交为异姓兄弟，并相约来年中秋前后再次在汉阳马鞍山相见。

以上都是《马鞍山》省略不唱或者说隐藏起来的内容。我常常想：这要是放在现在人编剧，这还不得一人两三大段大段二黄反二黄地来来回回唱他大半夜！前人编剧，将这些现代人绝对舍不得的情节一律删去不表，仅仅演出来年中秋伯牙请假回乡，在此与钟子期约会——

伯牙上场，表明来意，第一场即完。

钟子期的父亲钟元甫上，他去祭奠自己的儿子——

此时正是钟子期病逝后的百日祭奠，钟父的几句二黄原板，甚是凄惨：

老眼昏花路难寻，

耳听得树林内百鸟喧声。

乌云遮住了天边月，

狂风吹散了蓝天云。

这才是黄梅未落青梅落，

白发人反送了黑发儿的身，我的儿啊！……

这一段唱腔，不是主角伯牙的唱腔，但是，却是整出戏最受人欢迎的唱段，因为它的声腔、情绪非常凄楚感人。

伯牙前一天途中弹琴，弹的不是悲伤的曲子，却明显感觉到琴音内总是有挥之不去的悲音——前人对琴信仰，赋予琴诸多的神性，琴音仿佛有许多预兆和暗示。

伯牙在路上遇到了钟父，两下交谈，伯牙得知子期病逝，果然印证了昨晚的琴音含悲。钟子期百日前不幸病逝，伯牙闻听此言，可谓沮丧加挫折，惊骇痛哭不已——

贤弟！子期！哎呀贤弟吓……

见坟台不由人双膝跪倒，

贤弟！子期！哎呀贤弟吓……

我心中好一似走马断桥。

哭一声钟贤弟何方去了？

可怜我万水千山空走一遭。

伯牙沮丧悲痛万分，他随钟父来到子期的坟前祭奠——

来此空枉费，人情赴东流。

只因渺茫去，存留土一丘。

想去岁在山前论琴交好，

曾结拜如同那一母同胞。

分别时约定了今秋来到，

因此上辞王驾来走一遭。

兄为你二双亲不能尽孝，

兄为你不愿穿平带蟒袍。

钟贤弟在阴曹你可知晓？

有几代古圣贤细听根苗：

孔圣人哭颜回皆因丧早，

齐景公哭吴婴君臣相交；

鲁公子哭下惠朋友至好，

羊角哀亦哭过左伯桃。

前辈的古圣贤也能比到，

俞伯牙哭子期皆因是，想去岁闲游在马鞍山道，谈谈讲讲，论论琴调。

哭一声钟贤弟何方去了！

伯牙没有带祭品，就在坟前为老友抚琴，琴曲为他们初次见面订交的曲子《高山流水》。琴音带着他的思念，来往于幽明之间，千古知音，在不同的时空相会。

就在此时，一渔一樵二夫上场，他们是戏剧符号，代表了芸芸众生凡俗之辈，不能够理解伯牙和子期的知音情义。渔樵二夫在坟前看热闹，又闲话议论。伯牙因此感到，这世上"势利交怀势利心，斯文谁复念知音"，没有钟子期，自己就没有知音了——相识满天下，知心能几人？抚琴已罢，伯牙将瑶琴愤而摔碎在子期坟前。

这就是整出戏的主要情节。与小说一样，依情顺理，伯牙表示要代替子期赡养子期的父母。这是戏曲对观众从人情角度的抚慰。

京韵大鼓名家骆玉笙的代表作《伯牙摔琴》，基本上用的也是这一情节。她的唱腔、道白，参照借鉴了京剧的许多东西，主要的抒情唱段，唱的就是京剧的板式，还融合了京剧的言派[1]和奚派[2]的风格。

琴人知音难觅，在有精神洁癖的琴人看来，遭逢世事变迁、江山易主，而神州陆沉、文明凌夷，不惟知音难觅，自身亦难洁身自好，不免受辱，而"经此世变，义无再辱"，比如民国时期四川琴人裴铁侠、沈氏夫妇，摔琴自尽，就是因为他们对世事前景有所前瞻和预料，担心今后不免受辱，这种洁癖和警觉是

---

[1] 言派：京剧名派之一，是由京剧老生言菊朋创立的新腔。
[2] 奚派：特色四大老生流派之一，创始人奚啸伯被誉为"京剧四大须生之一"。

一般人无法理解的。

"春风满面皆朋友，欲觅知音难上难"，正因如此，《马鞍山》这样的戏才是言菊朋、奚啸伯这样的贵族读书人出身的人愿意演且只有他们才能演好的戏。

柩
——说说两出戏

　　清人丁柔克笔记云：范仲淹在蜀时，一丞猝死，其妻求路票率子佣船扶柩归葬故里，范公发给路票，并题诗于票："八口相依泛巨川，来时温暖去凄然。关津毋用轻盘诘，此是孤儿寡妇船。"范仲淹自幼丧父，寡母带着他改嫁他人，背井离乡，因此他的内心对于孤儿寡妇的哀矜之情是深有体会的。对于下属丞僚的去世，他按照朝廷制度给予抚恤以外，又在路票上题诗，晓谕关津隘口，尽量行方便，其词哀切，情意近人，千古仁心逸致，至今读来，令人眼湿。

　　想起陕西关中乡下风俗：宁停丧，不留双。什么意思？就是说，家里宁愿给那些远路搬运护送亲人棺柩的人，以及棺柩停歇，也不能让外人夫妻双宿，除了本家叔伯弟兄夫妻可以双宿，嫁出去的女儿和女婿也不行，亲戚中任何人都不行。如果路远回不了家需要留宿，须男女分开住。这是严格守礼之家。

《西厢记》说的是崔相国去世，夫人郑氏与小姐莺莺扶柩归葬博陵故里。中途歇停在山西永济的普救寺，发生了张生与崔莺莺的故事。

　　故事发生在山西永济普救寺，路线是对的——博陵在河北，老相国灵柩由长安或开封往东北方向走，经过此地。张生从洛西老家往京城赶考，路经此地，路线也是对的——这里靠近黄河津渡，过去交通路线上说得过去。陕西合阳的洽川，也就是《诗经》"关关雎鸠"产生的地方，与普救寺相隔黄河不远，发生这样的爱情故事，似乎有某种必然。

　　其实，看戏不必这样考证。但是，这里产生了一个问题：堂堂相国去世，灵柩归葬故里，难道就只有夫人小姐扶护，没有派侍从仪仗什么的？虽然彼时不可能派个专机将骨灰拌着花瓣撒向祖国的山河大地那么排场，但是，相国棺柩归乡，一路侍护就那么几个人，使崔家的丧事办得有点孤寒凄凉。当然，相国不可能是新丧，古人客死他乡，为了能归葬故里入祖坟，要费很大的劲，要预备得周全。未归葬之前，几年甚至十几年暂厝①在寺庙或别的什么地方，等条件具备了，再归葬。归葬的观念很重，是人一生最后的归宿，所以，南方泥泞，峻岭崎岖，才有湘西赶尸这一发明。

　　诚然，戏曲所言，非事实，但曲通人情，以歌舞

---

① 暂厝：人死后浅埋以待改葬或停柩待葬。

演故事的戏，故事要编得情理圆备。因此，可以理解为，护送相国棺柩的其他随从人役都在附近别处居住，上下尊卑有别，不能与夫人小姐同处西厢，夫人小姐身边就只有一个老仆崔忠、一个丫环红娘。但是，当叛将孙飞虎围困普救寺，欲强抢崔莺莺当压寨夫人的时候，着急的就只有那几个人，其实应该在这里简单交代一下，说这些随从人役都不能抵抗，不是土匪的对手，才引出张生修书、武僧惠明杀出重围搬救兵的故事。看戏的时候，旁边有人说这张生挺有本事啊：能搬来地方驻军元帅。杂剧里交代，张生本是礼部尚书之子，父母双亡，但毕竟是官二代，所以，交往广泛、朋友给力是说得过去的。

这里不是要讨论崔相国的后事，这个扶柩归葬引出的爱情故事，可以说明另一个爱情故事：旧戏《蝴蝶杯》，说的是江夏县令田玉川与渔夫之女胡凤莲的故事——在长江汉水上打鱼谋生的胡渔夫，打了一条珍贵的娃娃鱼，拿到龟山上去卖，被当地驻军总兵卢林的儿子卢世宽强抢，并且放狗咬死了渔夫。江夏县令的儿子田玉川经过，抱打不平，几拳把卢世宽和狗都给打死了。这可不得了了，卢林派人追赶搜查，布下天罗地网，抓田公子。田玉川无处可逃，正好逃到渔夫胡老汉的女儿胡凤莲停泊在江边芦苇丛的小船上。双方慌忙中通报情况，知道是恩人到了，胡凤莲急中生智，将自己父亲的尸首搬开，让田公子趴在船舱里，再把胡老汉的尸首覆盖在上面。等追兵一到，胡姑娘又哭又闹，非但不让搜查她的小船，还让他们帮她抓卢世宽。追兵们怕惹事，嚷嚷了几下，让总兵知道他们尽力了，就赶紧撤了。就这样，田玉川得以逃脱。

逃脱追捕，但一时不能远走，就在船上休息。男女授受不亲，也不能敞开了谈话。两个人相互看着，有了感觉。田玉川靠着船帮慢慢地睡着了，胡凤莲借着月光，看着田玉川，感激之余，滋生了爱慕。秦腔《蝴蝶杯·藏舟》一折——

先是田玉川看着胡凤莲，心里有了想法：

若不是渔家女聪明有胆，

险些儿落虎口性命难全，

月光下把渔女偷眼观看，

这样人真叫我替她心酸，

她那里哭啼啼泪湿粉面，

渔家女遭灾难实实可怜，

为救我她不怕官兵凶险，

讲出话就如同钢刀一般，

渔家女她能有如此肝胆，

真可算难得的女中英贤，

我为她抱不平身遭大难，

她为我顾不得男女避嫌，

我二人真乃是共同患难，

倒不如结亲眷相好百年。

患难中又不好话讲当面，

但愿她报父仇明我屈冤，

闷悠悠坐船舱左盘右算，

痴呆呆对流水思后想前。

田公子这样想着想着，睡着了。

夜深寂静，渔家少女胡凤莲毫无睡意，她看着月光下的田玉川，心有所动：

耳听得谁楼上二更四点，

小舟内难坏我胡女凤莲，

哭了声老爹爹儿难得见，

要相逢除非是南柯梦间，

田公子为我父身遭大难，

静悄悄坐一旁低头安眠，

月光下把相公偷眼观看，

好一个奇男子英俊少年，

他必然读诗书广有识见，

能打死帅府子文武双全，

为我父抱不平身遭大难，

他本是英雄胆大好儿男，

孤身女到后来有谁照管，

无亲眷无依靠有谁可怜，

假若还我与他结为亲眷，

女孩儿到后来我好将身安，

怕只怕他嫌我出身贫贱，

这件事我还是不好开言。

秦腔《蝴蝶杯》以肖若兰和她最优秀的弟子小若兰李淑芳的演唱最好，真可谓百听不厌。外人若误解秦腔的演唱只是一个吼，听一听李淑芳的这出戏，必然改变成见。

《西厢记》和《蝴蝶杯》两出戏，能说明人的情感是复杂的，即便在亲人的尸骨灵柩之侧也是可以产生男女爱情的。田玉川与胡凤莲患难之交，以蝴蝶杯私订终身；而张君瑞和崔莺莺就在西厢成了好事。两出戏在今天看来，虽然《西厢记》是杂剧经典，但是，今天，无论谁演，看起来都沉闷，原因是角色单一。而《蝴蝶杯》则不沉闷，除角色丰富之外，情节紧凑，唱腔板式丰富，引人入胜。《西厢记》显然是一出反礼教的戏；而《蝴蝶杯》则是一出宣扬仁义的戏。

"王孙公子我不打，绣球单打平贵头"
——《彩楼配》

王宝钏和薛平贵的故事，也叫《彩楼配》。

就说这飘彩招亲，不是在大街上搭个棚子，扔个彩球下去，不管什么人，谁接到是谁的。其实更像是一个后唐版的《非诚勿扰》，前来接彩的都是经过海选的男嘉宾，起码必须是良人，不能是比如倡优隶卒或犯法的腐败分子的后代这种"贱民"。自古律法，良贱不通婚，如暗地通婚被举报发现，严厉处罚后，还要再分开。薛平贵虽是穷汉，却是良人，所以，王宝钏绣球打中薛平贵，不算太丢人。同时，我们看到，当时人的素质是很好的，不野蛮争抢、不背后黑箱运作、不搞萝卜招聘，完全是公正公开。机会一旦公正公开，那些衣锦裹绣、肥马轻裘的王孙公子，也不一定争得过一个穷汉。

这个戏演遍全中国，但有一个问题困扰着演员和观众，尤其是现代观众，有几个想不通。就像河北梆子唱的那样："王孙公子我不打，绣球单打平贵头。"为什么？为什么王宝钏绣球单打平贵头？她是天生仇恨富贵怎么的？难道说她天生热爱穷人？还有，万一要是打偏了，落在"我爸是李刚"的小子手里咋办？是不是她虽然深居闺中，却练就了一个投篮的好手艺——"王孙公子我不打，绣球单打平贵头"？

我没有找到全部有关于此的连台本大戏，不知道老戏里如何解决这个问题。据资深戏迷介绍，原先此戏一开始，王宝钏在后花园游玩赏花，偶然看见一个贫叫花子在一块大石头上午睡，身上仿佛盘踞着一条龙，这个叫花子就是薛平贵。王宝钏因此爱上了他。照这样说，王宝钏不是爱上穷汉，而是爱上了那条龙。这样就太煞风景了，后面跟她父亲绝情击掌、放弃相府的锦衣玉食的富贵生活，净身出户搬到长安城外的五典坡寒窑居住，以挖野菜度日、苦熬十八年等等，其实她是在下一盘很大的棋！

不过这种势利很符合一部分老百姓的价值观，即所谓与人之常情契合——我老家的那些老戏迷，动情地唱这个戏，却丝毫不因此而鄙视王宝钏。

已故秦腔艺人杨凤兰拼死将此戏拍成电视艺术片，最不讨好的是，将王宝钏死心塌地爱上薛平贵的原因，改为向她父亲诉说俩人在花园里曾见过面，畅谈人生什么的，王宝钏认为薛平贵不是一般人。这个改动，画蛇添足毫无说服力，老戏迷不接受，宁愿相信是王宝钏看见了一条龙——我这样的也不接受，我相信王宝钏是这样——她为母亲治病祈福，于神前祷告，梦见神说你打中谁就是你的命，她认命。认命不是那么简单和悲观的。

挽天心一线系斜阳
——昆曲《千忠戮·打车》、碗碗腔《游河南》

现在昆曲似乎热了，人人以能说《牡丹亭》为时尚——这个很好！有人鄙之曰：附庸风雅。此言刻薄了，须知真风雅皆自附庸风雅而来，所以，附庸风雅在当今是要支持、欣赏乃至赞美才是。向来读书人之弊病，在于炫己之长，揭人之短，以致惹人厌恶，本意为弘道，结果因为自己的一己之私，把许多人沮蔽在外了。

这当然不是说要谄下取宠，而是说，你要谨慎地培育和维护那些在传统文化水土流失殆尽的环境里，人心刚刚绽放的向善慕道的苗头。所以，我特别敬佩当今那些喜欢做普及工作的专家。

话说今天的人动辄喜欢说昆曲《牡丹亭》，让我想起传说昆曲鼎盛的时候，江南有"家家收拾起，户户不提防"的盛况——"收拾起"，说的是《千忠戮·惨睹》一折，建文帝被朱棣赶出了南京，与忠臣程济乔装改扮，逃往襄阳，一路上看到经过战乱的摧残，饿殍遍野、死尸枕藉的惨状，这一段唱词很是经典，二十多年前翻看《振飞曲谱》，不识谱，看唱词即深受感动——

收拾起大地山河一担装，四大皆空相。

历尽了渺渺征途、漠漠平林、垒垒高山、滚滚长江，

但见那寒云惨雾和愁织，

受不尽苦雨凄风带怨长。

雄城壮，看江山无恙，

谁识我一瓢一笠到襄阳。

这一折，今天看，仍是俞振飞先生晚年的演出录像最好。俞先生擅演此折，已将其摩挲得臻乎尽境。

"户户不提防"，则说的是《长生殿·弹词》中的"不提防余年值离乱"，也是风靡大江南北的。

想必大约在那个家国遭逢巨变的时代，世道人心有某种集体的慷慨沉痛，才会对这种戏、这种唱词产生那么大的内心共鸣，似乎不唱这种慷慨沉痛之词，不足以抒发倾泻内心的郁结。

我是去年才看到《千忠戮·打车》一折的。看完，感慨万分，也突然想起了另一出戏：碗碗腔《游河南》。《游河南》是个很生僻的戏，我没看过全本，问皮影戏老艺人，年代久远，很多人也不清楚了。当今传统文化，有很多东西，遭遇这种尴尬和无奈——欧阳修《丰乐亭记》有云："欲问其事，而遗老尽矣！"

《游河南》说的是唐高宗时，西宫武仙花专权擅杀，

太子被逼外逃河南——汉唐人士外逃，皆选择东逃河南，逃则必经潼关，刘秀外逃被潼关守将吴汉擒拿，有周信芳《斩经堂》演其故事。唐太子游河南逃亡，当是假借了刘秀的故事模式，只是这个守将变成了武彦成。武彦成欲擒拿太子到长安讨好武仙花献功。吴汉的母亲劝吴汉放刘秀，杀妻（王莽之女）以坚其心。武彦成的女儿劝父亲放了唐太子，武彦成不听，女儿跨马抢刀，将父亲武彦成劈于马下，又将前来助阵的哥哥也劈死。武小姐杀了父兄，那个唱腔，悲切而慷慨，极其无奈的痛哭，十分动人，经关中老艺人那粗糙又细腻的嗓子表现出来，也是臻于完美了。我每当状态或者心情被俗事淤塞，感到不够清朗时，就听这段戏，将音响的声音放大，一遍一遍地听，听着听着，似乎乘坐着巨大的羽翼，飞到某个时代、某个环境，那里的人和事才是自己隐秘的知音。或者那种唱腔和声音，是替自己倾吐了某个心事，获得了神灵的宽宥与谅解似的。

为了救太子，杀了父兄，这是什么价值观？今天的人已经不理解了。其实，在过去，老百姓也不太会理解，但是这个戏既然在民间常演，就证明人心是接受的，对取大弃小、舍亲事君、杀身成仁的人和事，自己虽不能为，然心向往之，或心不向往，但看在眼里，叹息着纠结着。不像现在有的人，什么都不知道，什么也不思考，一见对自己不利、一想到自己做不到，就反感、批判、痛骂。武小姐所为，是杀父兄，更是杀那种卖主求荣的价值观。按照汉武帝 12 岁时判案的观点:父兄卖主求荣,背叛大义,父女兄妹之义已绝。

传统戏曲是与士大夫相呼应的高台教化,教化其实就是点醒沉睡的内心。价值观不同,你永远无法唤醒一个装睡的人。所以,这个戏今天几乎绝演了。

再说回昆曲《千忠戮·打车》。建文帝忧心藩镇势力过重,采纳了文臣齐泰、黄子澄的策略:削藩。这是冒险举动,果然激反了拥兵自重的燕王朱棣,以清君侧、勤王为名杀进南京城,逼建文帝逃亡,将建文帝那些不愿意归顺的忠臣以残忍的方式杀尽,方孝孺就是不服朱棣而被诛十族的。方孝孺等一班建文帝的忠臣,相约有的死忠,有的做智勇之士,护送建文帝流亡,保存薪火,以图东山再起。程济就是那个承担着智勇之士角色的大臣,他陪伴建文帝流亡,逃到了南方偏僻的山区。《惨睹》一折就是逃往襄阳一路所见的沉痛感叹。

建文帝的流亡生涯注定不得安宁,他一日不死,夺取江山的朱棣一日不安心,天下人心系挂,也不会死心。所以追杀建文帝,成为朱棣的头等大事。他得到消息,得知建文帝逃亡的方向,就派曾经熟悉那一带环境的大臣严震直率兵抓捕。严震直也曾是建文帝朝的尚书,与程济为好友。

《搜山》一折,演的是程济恰外出,已经削发为僧的建文帝被严震直带来的兵卒搜山抓住了。紧接着,程济回来，不见建文帝，慌了，顺路寻找追赶，终于追上了押解建文帝的囚车，于是上演一折惊心动魄的《打车》——

程济见了气势汹汹的严震直，自投罗网不说，他拼命劝说，又讽刺挖苦，晓之以读书人的大义："你不见那唐室睢阳、宋室天祥？怎不学绯衣行刺？怎不学赤足方黄？"还威胁严震直：你会因此遗臭万年。从前的人相互劝说和指责，有一个基本的价值基础，即认同传统读书人的价值观，有了这个前提，人跟人才能劝说，才能辩论。也就是说，理在那里，我们去找，找到了，大家就认理。

程济的努力没有用，严震直油盐不进，他要将囚车中的建文帝献给朱棣邀功，还要抓程济。程济想起方孝孺等人的重托，自己一路辛苦，担惊受怕，"挽天心一线系斜阳"，想起建文帝若被抓到朱棣跟前会是什么悲惨的下场，他简直要疯了。百般无奈，程济捶胸顿足痛骂："严震直，似你这样人面兽心，我也不与你讲了！"——讲理要讲给懂道理的人听，既然不懂，那就是命，所以他不讲了。他向囚车中的建文帝痛哭：

痛杀恁奉高皇仁孝扬，

痛杀恁君天下臣民仰，

痛杀恁睹妻儿尽被伤，

痛杀恁抛母弟身俱丧，

…………

程济说得沉痛之极，边骂严震直，边与建文帝君臣声泪俱下，"伴君魂入冥乡"——程济不愿意活了。

眼看大势已去，无可挽回，就在这时，奇迹出现了——程济的一番痛哭叫骂，如疯似癫，感动了另外一群人：严震直带来的军卒。

军卒们被程济感动了。为什么军卒们会被感动？中国的兵制，先秦时期是身份高贵的人当兵。后来慢慢地身份往下走，到了明朝，就是身份卑微的才当兵，甚至招募流民或赦免囚徒当兵，所以军卒的身份卑微。但是，由于社会有共同的价值观，身份卑微的人反而非常向往和追慕士大夫的价值观，所以他们最敏感。正如秦淮河边的妓女在明清交替之际，很注意民族气节一样，她们平常被人看不起惯了，无法扭转身份的卑贱，但很注重行为选择上靠近主流价值观，所以她们表现出来的，反而比很多读书人更有气节，这是很有意思的现象。在《打车》这一折戏里，军卒们正是这样被感动、感化的。他们反过来劝领军的主帅、尚书大人严震直放了建文帝。严震直气急了，不听，军卒们居然丢下武器，各自散去了，"弃干戈归故里"。

戏，这就是戏！

程济见状，感慨并指责严震直：

吓！见多少弃甲抛戈蠢儿郎！

全不晓礼义共纲常，

一霎时良心炯炯弃戎行，

绝胜却沐猴冠带行豺狼！

啊呀严震直啊!

怪伊行不良,怪伊行不良,

倒不如无知军卒姓名香——

严震直被这些军卒震撼了!被程济一骂,他醒了。严震直很惭愧,他没想到,自己一个堂堂的尚书、士大夫,没有这些身份卑微的军卒更懂得人间大义。

严震直挥剑劈开囚车,跪倒向建文帝谢罪。不等建文帝说话,严震直一转身,他自刎了。

这种慷慨沉痛,彰灼人心、彰显大义,与《游河南》一样,千古悲剧,夕阳西下,面对日益无奈堕落的众生,于丝竹管弦、铙钹锣鼓声中,企图为人世间挽回一线天心。

"哪一日峻岭上断了砍樵！"

像《法门寺》这样头绪多、案中有案的戏是不多的。中国戏曲是抒情精神，叙事是次要的，叙事过于复杂的话，反而干扰抒情。所以，通常将这个戏拆开来演出，即可以单独剥出一折《拾玉镯》。

《拾玉镯》故事复杂，角色丰富，基本上生旦净丑都有了，而且戏份均匀，每个人都有发挥的亮点。所以，虽然这出戏中死了几个人，但却成为岁末戏班演出封箱戏的大轴儿，通常由演员反串，演员在本工之外别的才艺得以展示，非常有看头。

那段老生唱腔"郿坞县在马上心神不定"很有名，抒发了一个读书人出身的中年官员的无奈与尴尬——郿坞县令赵廉办案，想当然地连续把案判错了。读书人出身的官员，品性不可谓不端正，但不谙江湖世事，缺乏历练，常常正气萦怀，就以为能干成事情。身边没有几个老谋深算、经验丰富的师爷隶卒，还真会陷入复杂的纠葛当中。简单说，赵县令，人是个好人，就是工作能力不行。后来在法门寺庙堂上，被太后身边的大阉臣嘲笑戏弄、呵斥讽刺，他的自尊心受不了，但又没办法，自己把事做错了嘛。《法门寺》这种戏好就好在这儿，通人情世故，人物虽有脸谱，但脸谱下面，却是真实的世相面貌和曲折人情。所以他的这段唱腔，是自己的内心活动，却说到许多观众的心中去了。

但我以为最动人的，却是悲愤已极的宋巧娇陪着父亲宋国士告状路上，父女那两句对话。宋国士是个生员，即拿到了读书人最小的功名身份，因此在待遇上比如可以免除劳役，不到公家的工地上去扛石头了。但是，家里依旧很穷——从前的读书人大多家里很穷，自己又不善治生，无奈将儿子佃给财主家佣工为奴。不料儿子卷入案中案，被冤枉杀死。这个杀人案还被赵县令判错了，要将宋国士的那点儿小小的功名革去。

宋国士万分沮丧，走投无路，人到万难须放胆，女儿宋巧娇拉着父亲去拦太后的銮驾，上访告状。太后专程到法门寺进香，所以，乐得现场办个案子，施恩典，做善事，在神佛面前表现一下。但是，读书人胆儿小，到了现场，宋国士见皇家的仪仗前呼后拥，不免内心先气馁了——很多人都有这个性格弱点，心理素质差，惹不起，躲得起，被稍微晃荡两下，自己就扛不住了。他想撤，对女儿说："儿啊！你看太后的銮驾，皇家的威风，咱这个状啊……还是不告了吧。"

女儿一停，内心也觉得父亲窝囊，但女人要是发了狠，比男人要坚决，豁得出去。女儿宋巧娇唱了两句散板，回答她父亲，这两句唱腔，在我听来，惊心动魄："明知道深山有豺狼虎豹，哪一日峻岭上断了砍樵！"

　　这两句貌似过路的唱词，一般演员唱得并不用心，随口就带过去了。可是，这两句散板，非常动人，不仅仅因为唱腔，还因为其所蕴含的语义。可以说，近乎道矣！把很多事情都说清楚了。这两句话，概括了人之所以生生不息的妙旨，也代表了自古以来读书人那不屈的士心。

　　是啊，明知道依理行事，会有牺牲、会被辜负、会被诬枉，但是，还要做。比如谏诤，荀子说："谄谀者亲，谏诤者疏。"明知道提意见惹上面不高兴，让人生气，自己绝不落好儿，但是，有意见不提，犹如青春期的脸上有粉刺不出一样难受，非说不可。儒生给秦始皇谏言，去一个杀一个，一连杀了二十七个，谏诤者前赴后继，残暴如秦始皇心里也发毛了，他举起屠刀之时，在内心里其实已经被谏诤者打败了。

　　这慷慨壮丽的词句，出自读书人之心，被一个走投无路的贫寒姑娘唱出来了，那么回肠荡气。

话剧《榆树下的欲望》观后

上周末，在深圳大剧院看了大剧院艺术节的重点剧目——话剧《榆树下的欲望》。

二十世纪八十年代末，我在大学的时候，有几乎半年多的时间会时不时去图书馆借阅一本介绍美国话剧《榆树下的欲望》的书。那时候，我参加了学校话剧团的一个大型话剧演出，在其中扮演男二号，还去了北京，在首都剧场演出，这大大激发了我的虚荣心和对话剧的热情，当专业演员显然是来不及了，就很想通过自学成为一名话剧编剧什么的，因此对这部据说是世界话剧经典之作的中文文本下过阅读功夫。可是，话剧不是靠阅读就能掌握的，所以，我相信一句话：当你干一件事情，因为才情、学养、毅力和机缘等不够而没有做成，这件事情就变成了一种情怀。

话剧于我，就是这样。

有好几年，中国的各种戏剧类刊物，很长时间都大篇幅刊登有关美国人奥尼尔的这部获得诺贝尔文学奖的话剧的各种评论文章,那些专家说得一套一套的。我这人从来都是死脑筋,读任何人的文章,不会慑于他的身份、地位和名气,就看能否依情循理地把我说服。我当时是理解不了这样的剧情介绍的:"《榆树下的欲望》讲述了农场主卡伯特为了农场所有权,同儿子埃本和妻子爱碧之间发生的三角纠纷。讽刺了在金钱占统治地位的社会里,人的自然情感与本性是如何被压抑与扭曲的。对财产的欲望使父子、母子、夫妻与兄弟之间尔虞我诈、虎视眈眈,一个个贪婪、狡诈、邪恶、虚伪。"

当时的我没有现在复杂,也没见过现实社会中有比这出戏里更厉害的人和事。所以,数次翻看这部话剧剧本和评介文章合集,从来没有看完过。

但是今天,对这部戏和它的内容、人物、情节、冲突可以说秒懂。

演员的表演当然是成功的。但是,我看着觉得不过瘾,原因是剧情推进有点慢,比起我在现实生活中所见到、所听闻的类似故事,甚至显得过于平庸。我不得不从内心对自己感叹和鄙视:你知道得太多了。

话剧是讲故事的戏剧,有故事就得有人,人的故事嘛。可是,这部戏剧中人的故事,和今天的人的故事相比,简直太LOW了。这就是我看戏时老走神的原因。

我当然认为,深圳观众能有机会看这出世界著名话剧，就跟到一个著名的古老城市要去品尝该地区的名店名菜一样，好不好也应该尝一口。况且，除了我之外的其他观众，都看得津津有味。

看戏过程中和事后，我想起跟话剧有关的问题：台上演员的声音、气息等都很好，如果他们一个个表演朗诵，几乎都是无可挑剔的。但是，说话剧台词，嘴里就显得太干净了，干净得不像一般人在交谈。一般人说话，嘴里有时候含糊不清，有时候半个字，有时候甚至有音无字，但却不影响表情达意，都是有内容的。话剧舞台上的多数演员嘴里太干净，像背书一样，显得不真实，没有生活味。

话剧是以话演剧，不是以字演剧，现在演员嘴里干干净净地说词儿，其实是背诵翻译的剧本，那么，一定首先是剧本没有将文字转化成话，其次是演员也没有将文字台词转化成"话台词"。到底文字和口语之间的话该是一个什么样的比例，恐怕是个需要研究的问题。

根据我的观剧经验和印象，感觉中国最地道的话剧，仍然是北京人民艺术剧院的戏剧。那些演员是用话演剧，他们演出的市井人物尤其可看——我曾经说：北京人艺的戏，有自己的宿命和短板，他们演士大夫的戏不如演市井人物的戏，原因不是演员不好，而是士大夫的言辞口吻端庄严肃，本身就不如市井人物活泼生动。

有一个现象，可以作为用话演剧的参考：一般话剧演员看不起小品，尤其是看不起东北小品。其实，小品，尤其是东北小品，别的不说，好就好在它是用话演出。这就是它受一般观众欢迎的原因。

另外，看《榆树下的欲望》，许多观众迟到了，开演半个多小时，仍然有人入场，大剧院的管理是很不错的，不让观众随便入场，而是由服务员专门引导着一起入场，避免影响其他人看戏。服务员带领他们尽量猫腰弯曲着身子入场，我所在的座位左前方正好是入口和一个拐弯处，看见那些迟到的男女老少一溜儿排队猫腰入场，一个个小步儿倒得挺快，样子非常好玩，像极了一队老鼠咬着尾巴过马路，好笑的同时又感到可爱，心想：市民很文明，哪怕这文明是装的。

演出到后半场，有的人不看了，离场俗称"抽签儿"，就不再猫腰弯曲身子了，而是个个昂首阔步而出，也不管遮挡不遮挡谁、影响不影响谁。我很失望，干吗不继续装了？继续装文明多好啊！文明就是从装开始的，一直装下去，就是真的了嘛。

2016 年 10 月 18 日

大过年的，你又被谭盾忽悠了

元旦前，谭盾要来深圳举办音乐会的消息就在朋友圈传。有人问我看不看，我瞪了他一眼，心里想：我不在音乐会前批评他，是怕扫了许多人的兴，也不愿意让赞助商难看。这种纠结，应该算是"见义不为，无勇也"，是我为人的懦弱和苟且，应该算是我2016年度从事文艺评论的一个职业污点。

有人看了谭盾的这场新年音乐会，说：他要不说话就好了，一说话，特别没文化、没素质。

我当时就哈哈大笑起来：其实，他的所谓音乐，也是没文化、没素质。早对你说过了，但你受了宣传炒作的蛊惑蒙骗，不听啊！

同时，我想，那些忽悠和宣传，断人慧根、蔽人良知者，应该会背因果之报。

不独我这样认为，资深音乐人郭先生说：艺术各界都有这些装神弄鬼的人，拿艺术吓唬人，利用的是信众的虚荣，回复这等行为最简单粗暴的一句话就是："老子听了（看了）浑身都不舒服了……"

资深媒体人、诗人南先生说："他过于聪明就油腔滑调了。灵魂、大地、现代、传统等是他讲话的关键词。"

我复南先生："他是随便拉几个词忽悠人！灵魂、大地、现代、传统等哪一个词他都不懂，也不配，他用哪个词都是非分僭越。"

我这话貌似刻薄，其实一点也不！

不久前，见朋友圈转谭盾和广州乐团合作的《霸王别姬》，不禁呵呵了一下。记得他跟深圳交响乐团合作的《水乐》，我当时被派到重庆去采访，只是进去听了一下开场前介绍重庆方面来了什么人出席，记下，等音乐会开始，就像躲病毒一样赶紧走到场外，在附近公园玩儿，把公园的气枪打气球打了个遍——话说我别的体育项目不行，射击却很有天赋，极少有失误的，那气枪还多数都被做了手脚，但我很快就能掌握做过手脚的枪，照样打得很准，重庆当时的规矩，打中了不要钱，打不中，收费，后来那些人不让我打了……

我耐烦再一次说说谭盾，以表达我对无知庸众不断被蒙骗忽悠的失望：大过年的，你怎么又被他忽悠了？

我曾经写过：谭盾的试验性音乐就像人体克隆技术，都是不可阻挡的。不是因为它好，而是因为它不好。不好的东西为什么还不可阻挡呢？俗话说"是疥子就得出脓"，说的就是这个道理。人类有许多避免不了的麻烦，就像人都爱干净，但一疏忽，哪儿哪儿都容易脏一样。

有人说谭盾的音乐是先锋的试验音乐。天！你都试验了多少回了？试验永远是必要的，没有试验就没有发展；试验是伟大的，但不是所有正在试验着的东西就都是伟大的、不得了的，不是别人碰都碰不得、批评都批评不得的，也不是一说它哪儿不好、不够好、不是很好，就说批评者不宽容、保守等等。

就像克隆技术是了不起的，但据介绍，目前的克隆技术只是试验性阶段，还不够好，它用于人体克隆，只是单性繁殖，是繁殖的倒退，因此说它不好。克隆技术用于人体，为什么引起了人的不安和恐慌呢？除了繁殖问题之外，人类社会还没有给克隆人设计相应的、能够接受的血缘、伦理、价值等关系，而人类目前秉持的血缘、伦理等关系和价值标准受到了假想克隆人过早地到来的挑战。但是我相信，技术层面的试验克隆人是不可阻挡的。至于它会不会技术革新，弄出双性繁殖或优于双性繁殖的东西？也极有可能。我相信，慢慢地人类会在不断地争论和探讨中，建立与克隆人相容、相谐的新的血缘、伦理关系。这样两个问题都解决了，谁还会反对克隆人呢？这两个问题的解决，需要两个严厉的批评：一个是技术批评，技术批评就是技术革新，不断地技术革新才能解决技术问题；一个是文化批评，不断地文化批评就是不断地文化探讨，最终磨合并建立新的伦理、价值关系和观念。

同样，谭盾的试验性音乐也需要严厉的批评，没有经过严厉的批评，就不是真正的试验。所有的试验过程都是一个反复接受批评的过程，所有试验成功的东西都是试验者与批评者共同完成的。而不是任何正在试验着的东西说都说不得，一听批评就拂袖而去，就说批评者跟自己不是一个档次、不是一个层面、用的不是同一种语法、把持的不是同一个文化框架……这种态度，是虚弱的狡辩，是巧言令色。巧言令色的不是真试验者，是伪试验者，是欺世盗名，因为他"鲜矣仁"。

任何试验，不在批评中灭亡就在批评中脱生，一个真正的试验者会虚怀若谷地欢迎批评，会信念坚定地迎着批评的炮火前进！

卞祖善先生等对谭盾试验性音乐的批评和质问，是学者立场，是有分寸的。卞先生用的是人类以往和现在对音乐的理解和把握的原理与标准，他认为谭盾弄的水声之类的是响声，不是音乐。

我不相信音乐没有标准，或者说没有底线，是个响声都能算音乐。这种试验，我看是音乐的倒退。这话搞试验音乐的人听了一定不服，我也没想说服谁。有些东西根本说不清，孔夫子多聪明啊：不语怪力乱神。

老夫子确实觉得没有必要跟这些东西较真。不说不行，但又说不清，那交给谁去说呢？交给与天地日月同在的人民去选择，"惟乐不可以为伪"，"大乐与天地同和"，人民的眼睛是雪亮的，就算一时可能被糊弄、被蒙蔽，但最终还是会雪亮雪亮的。因此，陈燮阳先生说："最重要的是观众接不接受，它是否经得起时间的考验。"

我不能不说说我对谭盾远距离的猜度，但愿我不是"小人之心"：谭盾是一个聪明的人，太聪明了，他看透了这个时代人性的弱点，看准了这个时代人们的审美水准处于低谷的事实，他瞄准了这个时代游戏规则的无序部位，他将人人意识和潜意识中存在着的"皇帝的新衣"这种"意识瘤"放大，放大到能把所有人装进去，因此他打着试验的旗号，以前卫的派头、新潮的架势，不断地变着花样作秀，成为传媒和公众风口浪尖上的人物和话题。其实，这是他为一个东西所做的准备，那个东西就是他真正要做的"很不试验"的音乐，这个音乐和卞祖善、陈燮阳等人的音乐是一回事儿。就是说，谭盾用他的"试验"点火，烙熟的却是他"很不试验"的音乐这张饼。

由于他心性乱了，他的那张饼，我品尝过一些，往往有的地方很焦煳，有的地方却还是生面。比如给电影配个乐什么的，这不算什么大活儿，换个人也许能弄得更好。

陈燮阳先生说谭盾的"水乐"不是音乐，只是单响儿，巧得很：克隆人目前只是单性繁殖，技术上很不成熟。单响儿和单性繁殖，都是倒退。

中国电影的出路在于实行"计时退票制"

数年前，我曾经提出过一个拯救中国电影的妙策："计时退票制"。您知道，如果这个方法得以实行，那可要了那些靠忽悠、用烂片骗人的电影制作方和导演们的命。所以，当时电影人纷纷跳脚，记得"冯裤子"还骂电影退票制是狗屎。有个电影投资商在北京见了我的朋友说，你们深圳有个谁谁谁是个（此处省略两个字）。

有目共睹，如今中国电影明显比以前好多了，如果实行电影"计时退票制"，应该会更好。

科技的进步，也使得我当时提出的电影退票制一个重要的功能得以轻松实现，那就是：打赏。我当时提出的方法很简单：一部电影上映，观众买卡入场，进门刷卡计时，觉得电影能看、愿意继续看，就看完，出门刷卡付全票金额；看了一会儿，觉得不好看，走人，出门刷卡，根据所看的时间段付费；如果看了整部影片的五分之四，离场，则应付全票金额；如果觉得电影好看得要死，自己被感动激动得不行，可以重复刷卡，等于打赏。

非常简单。

现在，付费的方式太方便，打赏功能也不用多说了。这些交给 IT 男们分分钟搞得比你想象的还要方便。

这个有关电影"计时退票制"写出来，发表在报纸上，清明节那天，我拿着报纸，看着这篇文字，默默地在心里缅怀悼念我那些曾经买电影票所花的冤枉钱，比如看《赤壁》的、看《无极》的等等。其实，我是一个对影视剧要求极低的人，任何影视剧，只要有点动静，我都会津津有味地往下看，我不是一个难伺候的观众。所以，尽管"冯裤子"对电影退票制喷出一口狗屎来，我也不会觉得他的电影不好看，看他的电影，我甚至会打赏——一码归一码，人家拍的电影就是好看，我认为比《赤壁》《无极》等好看一万倍不止！我认为拿他的影片跟这些烂片比，都是对他的侮辱。再说，冯导的电影从来都在宣传上很有心计，但不傻，不像有些导演，一宣传新片，自己就抢先爬到神龛上去，又是史诗、又是还原历史、又是什么的，特别傻。冯导就不会。这是我很欣赏他的地方。至于说他为了电影各种搞怪作秀，那是一个电影人的本分。换了我，不见得能这么豁得出去，又做得那么淋漓到位。

电影"计时退票制"这么好的创意，那些两会代表也视而不见，我只好当他们集中精力关注治理雾霾去了。这回让我又想起电影退票制的，是老谋子的新电影，我至今没看，也不打算看了，据说是跟评论家掐起来了，一个说一个死了、烂了什么的。现在还能搞所谓评论吗？"清议亡而干戈至矣"，可别打起来啊！各种争论，没细看，但认为如果电影"计时退票制"能实行，则双方不可能掐起来，看多少时长付多少费，很简单，一切用票房说话嘛。

有的人又要说了：你看了人家一小截、半截电影就退票，不道德。

那您忽悠我、耽误我整场看电影的时间，且以烂片骗我付全票的钱就道德了？

也有人会说：您在餐厅买个鸡腿，吃两口说不好吃，能退吗？

那我买了鸡腿，吃不了可以打包回去喂狗，您那剩余的半截烂电影能打包吗？再说，打包回去我恶心谁去？

总之，我越来越觉得，电影"计时退票制"，实在是一个促进中国电影大繁荣、大发展的不二妙方，值得您拥有。

2016 年 12 月 21 日

世相与风俗毕现 悲辛同尴尬交集
——话剧《我要恋爱》：轻喜剧、重口味、大主题

　　婚恋是人生永恒而重要的组成部分，自然也是戏剧的永恒题材。通过戏剧，人能反思婚恋。通过戏剧反思、玩味、欣赏婚恋，反思、玩味、欣赏的其实是社会人心和世相风俗。

　　话剧《我要恋爱》，通过一个生活在现代都市的年轻人的婚恋过程，中间穿插剪辑组接了其他人的婚恋、情感片段和细节，用力不多，却非常巧妙，倏忽之间和盘托出，片言只语，一动一静，淋漓尽致地反映了当今社会婚恋的全貌，让人看了心照不宣，在轻松的喜剧效果带来的幽默自嘲中，品味到我们所处的时代共同的价值观和文化氛围。这里有我们共同认可并创造的世相，也有我们共同主动和被动营造的风俗，当然，观众也与台上的剧中人物一起，体会到台上台下共同的尴尬与悲辛交集。

　　《我要恋爱》之所以受到观众和专家的好评，简

单说，就是它触动了所有人内心难以言状的部位，而不仅仅是一出通过婚恋题材简单娱乐观众、诌下取宠的肤浅喜剧。它以轻喜剧的形式，撬动了重口味的世道人心，承担的是一个反思社会、反思现代文化和现代价值观的大主题。而其戏剧手法的新颖灵动、活泼俊快，则给当今话剧舞台吹进了一股清新的风。

在都市打工的青年白领胖胖，是一个所谓情商不高、不怎么会来事儿的老实人。这种青年要在过去，是最容易早早结婚的，当然靠的是父母之命、媒妁之言，而彼时的女孩儿也钟情这样忠厚的男子。但是，现在，最不吃香的就是这类男孩。

男青年胖胖像一块来自山野的原石，掉进了现代都市的快速旋转机器中，他身上所有不适合这个时代都市风尚的东西，必须经受一次次伤筋动骨、剥皮掉肉的削删和打磨。

他情窦初开，网恋了。网恋的戏，用的是虚拟的方式，让人想起中国戏曲的表演程式和西方哑剧的肢体语言，准确地营造出一个网吧的情景。胖胖在此经过几轮近乎荒诞的虚拟网恋，终于慢慢地锁定了一位女性，顷刻之间，她占据了情窦初开的大男孩的全部心理和情感空间，两个人像所有网恋者一样，最终要将虚拟的恋爱兑换成或温暖、或冰凉、或比网恋更荒诞的现实。他们相约见面，可是，尴尬出现了：对方竟然是自己的班主任老师！

初恋的胖胖那小男孩式的执拗，导致班主任老师为此调动了工作。这里表面上说的是胖胖的恋爱，却一下子凸显了都市女人的情感婚姻问题。她们的婚姻种种不如意，催生了种种新的近乎不伦的婚恋补救方式——这是当今不难见到的人和事。

胖胖的第二次恋爱，是在晚会上与女同学的表演合作。这种现实与舞台的俗套其实也成就了现实生活中许多人的婚恋。但是，他却没成功。其实，有点阅历的人都能看出，他很勉强。失恋的胖胖学会了在酒吧消解烦闷，却遭遇了男生的引诱。这也是当今不可回避的一个现象，至今无法解释这种现象的生理或者心理原因，但这出戏剧能让这种题材的情节和人物上舞台，是这个社会多元和包容的体现。问题是，这种非主流的情感方式，应该仅仅停留在宽容和不歧视的层面，不应该获得来自制度和法律的确认，一旦确认就形同鼓励。而在古代社会这就不是问题，可现代社会，它被多事的人当作问题拿出来，就是比问题还大的问题——我们这个时代，有些人喜欢把许多不是问题的问题拿出来当问题。

总有一些人，天生的情种，婚恋特别容易成功，就是那些从前所说的浮浪子。胖胖的朋友兼同事奔奔就是这样在情场上总会屡屡得手的主。他热心地帮助胖胖做各种包装，希望他能够在交际场合获得一位女生的芳心。可是，老实忠厚的胖胖，却在酒吧里臆想了一个晚上。那的确不是他能够驰骋的地方，而到过那种地方、经过那种地方训练出来的人，是不可能有任何偶然的机会预留给他这种老实人的。肥胖的形象，忠厚老实，一点坏本事也没有，显然不是风月场中的生物。

新来的女同事莎莎，成了公司里男生追逐的热点人物。胖胖以为自己有机会，但现实毫无悬念地被情场老手奔奔获得先机。胖胖不自量力地愤怒："我太懦弱了！"旋即又无奈地慨叹："我的对手太强大了！"他求救于百度恋爱宝典，海量的网上恋爱方略和宝典，一条条被当作台词说出来，折射的都是一个时代人心的共性：人心向贱。对这种迎合人心卑贱的批评，是话剧《我要恋爱》的立场和态度，即所谓正能量。

胖胖的恋爱又无情地失败了，他像一只刚钻出沙堆的小海龟，一直在沙滩上拼命地爬行，他闻到了海水的腥咸，但是，眼看天亮了，天敌都要飞过来了，却怎么也找不到海水。他沮丧、气馁，无奈跑到了海边。他遇到了一个乞丐，这个乞丐穷窘而残疾，悲苦的命运却让他练就了一双洞察人生的慧眼——这也是戏剧中常使用的或者说常常设计的角色，这种设计不是凭空臆造，而是有根据的：命运穷苦的人生，让许多人看穿了世相，比如戏曲《金玉奴·荒郊义救》一折，花子头金松就是一个洞明世相的乞丐，秦腔的版本发挥秦丑的表演优势，专门设计了一段说唱，以至于成为以乞丐为主角能够单独演出的经典折子戏。乞丐拿什么给人看？耍丑搞笑，那是低层次的表演；更高层次的，就是金松这样，用自己独特的身份对世相人心洞察之后发出感慨，有控诉、有无奈、有批评，最后落在乐天知命的豁达上面。他仿佛是上天派来的使者，以这种特殊的身份点化芸芸众生来了。

胖胖在海边受到了乞丐的点化，重新又找回了一点飘渺的自信心——难道，人需要在比自己看上去更惨的对比中，才能重新找回这种飘渺的自信吗？只要你过得没我好，我多幸福都没感觉，只要比你幸福才算幸福……这不都是现在很多人的普遍心态吗？

胖胖因为信息的误差，被认为是救人的英雄，媒体上门来采访，公司却利用他为公司做足了宣传——一切结算以利，这不正是现实的势利和势利的现实吗？

而胖胖那忠厚老实的本性中暗藏着的仁义礼之性，却被激发出来了——儒家性善说，认为人皆有仁义之性，只是需要被合适地激发。胖胖向媒体坦白了真相，他并没有在海边救人，尽管他的生活和恋爱并不如意，但他必须牢牢守住自己最宝贵的品质：诚实和善良。

此时，整部戏的主题一下子被擦亮了、凸现了：无论现实多么喧嚣，人最宝贵的是保持自己的诚实、善良等品质，这才是生命的价值和意义。

此时此刻，他的诚实和善良，赢得了他已经不敢奢望的女孩的芳心，莎莎扑向了胖胖，他恋爱成功了！不是各种方略和宝典，也不是学情场老手的种种伎俩，也不是一个不会动心眼的老实人偶然动对了心眼，而恰恰是用自己的本质，赢得了姑娘善良的芳心。

这是耐人寻味的主题：人生、社会，犹如婚恋，"君子居易以俟命，小人行险以侥幸"（《礼记·中庸》）。居易，就是守住自己本真的心，守住平常的状态，不做非分的妄想，也不妄动。什么是非分和侥幸？就是超越自己德能水准之外的企图。婚恋如此，其他，何尝不是如此？

《周易》云："观乎天文，以察时变。观乎人文，以化成天下。"歌谣、戏剧，皆能反映和表现当时的风俗和人心。顾炎武《日知录》说："廉耻者，士人之美节；风俗者，天下之大事。朝廷有教化，则士人有廉耻；士人有廉耻，则天下有风俗。"风俗，是所有人的风俗，所以，廉耻之心，不独是对士大夫的要求。士大夫是民众的榜样，苟有所为，民众必靡然风从，因此，即便是普通如胖胖这样的都市打工者，也有自己的廉耻之心。而《我要恋爱》全剧中途穿插的各种人物的各种婚恋以及生活情态，无不在暴露当下以物质和利益结算、荒芜良善之心的世界，人们普遍崇尚非分，以至于失去了人本该有的廉耻之心。

看完《我要恋爱》这出话剧，令人回味的，不是观剧过程中的种种喜剧效果，而是笑声中的尴尬，一丝藏在甜蜜中的顽强的味道,将对生活和社会的反思,有机地、如盐入水似的,不知不觉让人尝到了一种类似眼泪的咸。

依《说文解字》而言,剧者,繁也;戏者,嬉也。以嬉戏而演剧繁之世相,谓之戏剧。这也正是戏剧"文以载道"的责任。话剧《我要恋爱》,将一个很容易让人感到司空见惯、难出新意的题材,通过巧妙灵动的组合、活泼俊快的表现,极端地化繁为简,闪电般地掠过却不含糊,细腻从容地描摹却不繁冗拖沓,将这一题材呈现于舞台。它是轻喜剧,却承担着重口味,表现的是大主题:悲辛同尴尬交集,世相与风俗毕现。观之令人沉思徘徊不已。

2017 年 1 月 4 日

京剧进校园有什么用？

艺术修养对人的作用不必废话。学生在学校受教育，应当接触多种多样的文化艺术形式。教育部给一至九年级学生列出的京剧唱段单子，说实在的，不够一个对京剧有兴趣的孩子半年学的。与中国孩子一窝蜂去学钢琴、小提琴，有条件没条件都去学跳芭蕾相比，让中国的中小学生学点儿中国传统戏曲，实在算不上什么让人大感突兀的事，教育部的决策从文艺修养的营养均衡角度考虑，意愿也是好的。但我不认同教育部所说的此举目的在于将来"振兴中华传统文化"之类的。中国很多事坏就坏在喜欢用大词儿，用大而响亮的词阐发、挥洒某事件的意义并预支未来的宏伟作用。于丹讲心得，学术观点之对错、学问功底之深浅另说，讨厌就讨厌在喜欢用大词儿，用那种类似得了结核病或钙化了的大词儿，一用大词儿就显得很假、很可恶。教育部此次好心没被舆论理解，且遭到许多猛烈的批评，就在于教育部没有用朴实的词解释京剧进校园的动机和目的，而是用了大词儿"振兴中华文化"——原来于丹们的毛病是从我们受现行的教育时就坐下的。

中国现行的教育体制，基本上是行政化的体制，种种弊端越来越显现，也越来越为社会和公众发现并批评。此次京剧试点进校园的决策，就是这种体制的一次突显。让孩子们接触并学习一下传统戏曲，为什么这种好心反而导致了不科学的决策？原因就是行政化的思维，即自上而下的思维、好心的专制思维。

中国传统戏曲资源近几十年来遭到多次文化的摧残、经济大潮的冲击，其丰富性和多样性正在遭到破坏。目前，全国现存的传统戏曲仍然扎根在文化形态丰富多样的各地方文化土壤中，这个土壤正在遭到污染和破坏，传统戏曲面临各种各样的生存难题和变异问题。你在此独尊京剧为国粹，用行政手段在学校强力推行，势必影响甚至断绝地方戏曲剧种的观众基础和未来生存空间，对戏曲艺术生态的丰富多样性是更大的摧毁。如果非要用"啥粹"来说事儿的话，京剧严格说来是京粹，以京剧为代表的中国传统戏曲艺术，总体上才是中国的国粹。以京粹来覆盖粤粹、沪粹、川粹等别的粹，是对别的粹的不公平，也是对别的粹之所以为粹的地区文化以及该地区人的不公平，最终也会报应到对京粹的伤害——别的粹都不粹了，京剧一戏是粹不起来的。较为科学的做法似乎应当是：考虑到普通话的教育基础，为全国各地提供京剧的参考剧目和唱段，结合各地方戏曲资源及现状，让各地方学校有充分的自主权，结合本地戏曲艺术资源，以各种创造性的方式使学生能够接触到中国戏曲、了解中国戏曲。

教育部似乎也没有提供尽可能细致的戏曲进校园执行参考方案，参考方案应当鼓励方式、方法灵活，鼓励创造性，并以让学生愉快接受为原则。学戏曲、学文艺是强制的事儿吗？这也是不为大多数人理解甚至批评的原因之一。

进校园的京剧唱段中大部分是样板戏，勾起了许多人的非戏曲记忆、担忧乃至愤慨。各人有各人的情况，教育部列出的戏单显然太单一了。不过，让一个对戏曲毫无认知的小学生一开始就来一段慢腾腾的《文昭关》，显然不如《都有一颗红亮的心》听起来悦耳、易接受。什么事都讲入门，教育部列出的戏单只是入门。

学生接触点儿传统戏曲，往大了说就是在学生的文艺教育中加入戏曲的内容，以期均衡营养。往实在一点说，就是让学生有了一个娱乐的选择。如果硬挂到振兴民族文化啥的身上，就让人感到没底气，中间的落差太大。振兴文化这类说法是很功利的思维，也是很行政化的思维，是官员政绩的预支性表达。

对学生学点儿中国戏曲的过分期许和过敏性担

忧，让我想起许多批评国学热的人士指责国学对建立未来先进的民主社会没有帮助云云，学国学的作用有那么大吗？有那么功利吗？再说，请问：学成一个仁义礼智信、温良恭俭让的人，和建立未来先进的民主社会有何冲突？学成了这样一个人，你还会选择不先进的社会形态吗？再说，学国学，学好国学，用国学影响人的行为和思想是很容易的事儿吗？学生接触戏曲、学戏曲，不要急于换算到底有什么作用，不必期望如过去的京城学子那样以"一笔好字，两口二黄"为时尚，学生或部分学生，因为有机会接触戏曲和学戏曲，起码有了一个感性的基础认识，不至于将来成为社会主流的时候，由于先天的认识空白，对中国传统戏曲抱有不正确的态度。或者还可以用海外中国学者二十多年前说的话：当代中国人的性情太粗糙了，很需要用戏曲这种艺术雕琢一下。

戏曲根本不需要走出去

.

一、戏曲要不要走出去。

常听见有人说戏曲要走出去云云。

戏曲根本不需要走出去。出去玩玩可以，当成什么发展，就是无知臆想了。

地方戏也应守在地方，别动不动就进京演出，也别轻易到自身方言人口移民占比较小的外地城市演出，总之别企图让非方言区的人接受喜欢，人家接受和喜欢是你额外的收获，万不可谬托终身。

所有进京汇报演出，所谓轰动京城、演出成功云云，十有八九是用虚假信息反馈本地，欺骗本地政府和民众。

轰动？你也太小看京城观众了，那么容易被你轰动。今儿你轰动了，明儿他轰动了，京城不成天被各地剧团轰动着？

二、别动不动说创新。

全国梆子戏汇演，多好的创意！对地方小剧种梆子剧团来说，多好的展示机会。可是，主办方一定把参演要求、标准定错了，非要提出创新的标准，让剧团带新创作的戏参演。

这可要了剧团的命了：不去可惜，去了要演新编戏。现在的新戏，没一出不像开会读文件的。像央视播放的《长勺之战》，它绝不会按照如《龙凤呈祥》那种老程式、老结构演，因为演员不行，拿不起，只能以唱腔讲道理、讲那种政治正确的无味的道理。

所以，标准定错了。这种汇演，本来打算对保护和复兴地方戏有所帮助，效果却很可能变成对地方戏、对小剧种，有组织的毁灭性破坏，至少是误导，让剧团走弯路——今后，它为参加你的汇演，弄新的；面对本地观众，还是演旧的。

地方戏、小剧种力量弱，你让它拿新戏，它力小负重，只能乱来了。参加一次这种汇演，很可能动摇小剧种原本就柔弱的根本……

其实，这种汇演，只让地方戏、小剧种尽量展示其传承的绝技即可。至于新戏，以后再说。到了该有新戏的时候，挡都挡不住。

对新东西一定要谨慎小心，甚至警惕，弄不好会赔老本。

创新不是为创新而创新，是在尽量保守的时候，自然而然新的、不得不新的，这才是真新。

为了创新而创新，没一个不是创伤的。

剧团更不应自诩创新。新不新，让别人说，别人说你新，未必是夸你。

即便创新是褒义，也不能自诩。自己说自己创新，就跟人没死就有谥号一样，就跟电视剧《康熙王朝》里老太后一口一个"我孝庄""我孝庄"一样。

三、秦腔商芳会。

西安文立先生对我说，陕西乾县农妇商芳会，初参加秦腔电视大赛，其声、其腔皆宗旧式，学董厚生，戏迷闻而惊艳，而评委鄙之，落选前十名。

戏迷愤而集资助其演三天，观者爆棚，遂名满三秦，大街小巷，皆听商腔。

农村有红白事唱戏，以能请到商芳会为时尚。某秦腔名角闻听与商搭台唱戏，抵触：我们是专业的，不跟她同台。事主怒：算咧算咧，有商芳会就行咧！

有人问西安八旬老者：商芳会的唱腔好在何处？老者答："我也不知道她咋好……反正，一听人家的腔，我就想起旧社会咧。"

人才公园记

　　夫珠出于江海，玉出于昆山，无足而至者，何也？盖由人之所好焉；才豹隐于山林，士蠖屈于侧岩，起而入世，建功立业，何也？盖由人尊而贤之焉。考诸往史，观诸寰球，凡钟爱人才者，其国未有不兴旺强盛者也。我深圳以渔村海隅，未足四纪，竟崛起而为世界大都会，令誉纷呈，声动天下，端赖国家政策之善矣，亦尊贤爱才之德政使然也。既盛可贵，云何不铭。用感激来者，使奋勉有为，再创佳绩，市委市政府于深圳湾，辟地囷土，疏水浚流，建园树林，命名为人才公园，彰显惜爱之心，弘扬尊贤之志。自深圳特区肇始以来，求贤若渴，唯才是用，燕昭买骨，越王轼蛙，诚意所指，感召四方，贤异之才，脂车策骥，冠盖相望，络绎不绝。而今而后，念兹在兹，游斯园也，能无感怀：丘阜岩岩，接梧山之高；湖水泱泱，入南海之深。游斯园也，能无感怀：荣木采采，芳草欣欣，四方之士，越境远来，

深圳人才公园，图片摄影：王小可

巨本洪枝，于兹结根。溉以清流，蔚茂森森，枝舒叶展，日长月引。同好友朋，携结徘徊。流川浮觞，歌咏显才。威仪抑抑，笑语穿林。盛世激扬，侧穴无隐；羽飞高天，鳞跃瀚海。庶几人才之盛，得未已矣。

岁在丁酉之夏 许石林撰

跋

我是谁？

故事——

甲乙争论。

甲说：三八二十四。

乙说：三八二十三。

争论不休，不惜挥拳动手，打架了。

拉拉扯扯闹到县太爷的公堂上。

县太爷听完双方申诉，宣判：三八二十三，将甲拉下去，杖责二十三大板。

乙得意而归。

甲不服，问县太爷：小人就是死也不明白，难道老爷也认为三八二十三？

县太爷微微一笑：我就知道你不服——你呀，不但迂，而且笨！你想想：他（乙）都因为这么简单的事儿跟你打起来了，你还跟他去争？你说你费那么大劲干什么？让他糊涂至死去不就得了？再说，他懂不懂三八是多少关你什么事儿？影响你吃饭睡觉吗？影响地球转动吗？……你说，你这板子挨得屈不屈？

甲无语。

……写完这本书中的文字，我惶惑得很：我到底是甲还是乙？